CB076689

A Propósito
da Literariedade

Coleção Elos
Dirigida por J. Guinsburg

Equipe de Realização – Revisão: Inês Oseki-Dépré; Produção: Plinio Martins Filho e Marina Mayumi Watanabe.

Inês Oseki-Dépré

A Propósito
da Literariedade

Editora Perspectiva
25 Anos

Direitos reservados à
EDITORA PERSPECTIVA S.A.
Av. Brigadeiro Luís Antônio, 3025
01401 – São Paulo – SP – Brasil
Telefones: 885-8388/885-6878
1990

À memória de Roman Jakobson

SUMÁRIO

Apresentação 11
1. A Propósito da Literariedade 13
2. O Título e a Trilogia 67
3. Análise do IV Soneto de Mallarmé (ou Soneto em X) 79
4. Escrita Lúdica: Análise Semiológica de "Pluie" 103
5. Leitura Finita de um Texto Infinito: *Galáxias* de Haroldo de Campos 131

APRESENTAÇÃO

Fazem parte deste volume cinco trabalhos. O primeiro, "A Propósito da Literariedade", se apresenta de maneira quase didática, tendo sido concebido num âmbito universitário, como uma tentativa de síntese e de clarificação do problema da relação entre ciência e literatura, ou seja, do interesse da utilização da lingüística moderna para a leitura contemporânea do texto literário.

O segundo ensaio representa um resumo de minha tese de doutoramento ("3º cycle", francês) sobre Michel Butor, defendida em 1971. Apresentado no Colóquio sobre Butor (julho 1973, Cerisy-la-Saille, França) e publicado posteriormente em *Voir Entendre*, n.4 de 1976 da *Revue d'Esthétique* (Paris, 10/18), ele focaliza a questão do elo entre o título e a obra literária, encarada do ponto de vista semiótico.

Dois trabalhos, em seguida, são consagrados ao estudo sistemático do texto respectivamente dito "poético" ("Pluie", de Francis Ponge) e "prosaico" ("O Quarto Soneto", de Mallarmé). Neles, tentei pôr em aplicação o modelo de uma análise semiótica construído a partir das sugestões da lingüística moderna (de Jakobson a Benveniste) e cujas premissas são expostas no primeiro capítulo. O primeiro deles foi publicado igualmente na revista *Sub-substance* da Universidade de Michigan, dirigida por Michel Piersens, em dezembro 1978*.

Enfim, o quinto texto tem como objeto a análise de um fragmento das *Galáxias*, de Haroldo de Campos. Apresentei-o em francês na Faculdade de Letras da Universidade de Lyon, em março de 1978 (Seminário sobre a Análise Textual), abordando na mesma ocasião o problema da tradução do texto poético. O texto foi anteriormente publicado no n. 37 da revista portuguesa *Colóquio/Letras* (diretor Jacinto do Prado Coelho) em maio de 1977.

Os cinco trabalhos se inscrevem na mesma perspectiva teórica (semiótica) e prática (do texto de "ruptura") e acredito que possam contribuir para uma colocação positiva do problema da análise literária.

Inês Oseki-Dépré

---

* Recentemente numa homenagem a Francis Ponge dos *Cahiers de l'Herne*, nº 57 (1986).

1. A PROPÓSITO DA LITERARIEDADE

I.1. OBSERVAÇÕES PRELIMINARES

O problema da relação entre ciência e literatura caracteriza de maneira bastante clara as preocupações fundamentais ligadas ao domínio da teoria literária contemporânea. Desde as primeiras tentativas sérias da sistematização dos estudos literários, e que datam dos trabalhos efetuados sucessivamente pelos Círculos Lingüísticos de Moscou e de Praga (1914-1924), numerosas pesquisas se empreenderam na Europa, e na América principalmente, visando conferir um estatuto científico à teoria literária e definir com maior rigor o domínio dessas investigações.

A poética, tal como foi definida pelos pesquisadores eslavos, pôde – em particular graças à constância conferida pelo grande linguista (e poeta) Roman Jakobson às pesquisas literárias – aceder a um nível teórico indiscutível hoje em dia.

Entretanto, e sem absolutamente pretender contestar as aquisições teóricas dos trabalhos efetuados pelos "formalistas russos" — antes, à luz dos conhecimentos que deles herdamos — pode-se questionar ainda hoje a definição do domínio de que se ocupa a poética, e por conseguinte, a do objeto que ela se atribuiu.

Pois se, efetivamente, a poética chega ao ponto de tornar-se uma teoria da linguagem literária, contribuindo assim para colocar as bases de uma ciência do fato literário, parece claro que seu objeto — a literariedade (*stricto sensu*) — não cessou de ser procurado essencialmente do lado da "poesia", ou mais precisamente do texto versificado, que se costuma chamar de poema.

Seria interessante analisarmos — e é o nosso objetivo aqui — as origens desse privilégio nas propostas teóricas iniciais e suas implicações na natureza dicotomizada, dividida dos estudos literários contemporâneos.

Da mesma forma, não seria inútil perguntarmo-nos se a aceitação dessa partilha não se tornou de certo modo nefasta à produção teórica atual na medida em que ela representa a cristalização de um dualismo não-científico, ou seja, o que recobre o binômio "fundo/forma".

Não procederemos ao estudo da prosa ou da poesia enquanto objetos, o que apareceria como uma caução á essa dicotomia. Tentaremos, ao contrário, apreender essas noções a partir do exame do discurso teórico no qual pouco a pouco se fixaram como entidades opositivas a fim de podermos formular propostas aptas a superarem essa oposição[1].

---

1. "Não existe provavelmente, em literatura, categoria mais antiga ou mais universal do que a oposição entre prosa e poesia", GENETTE, *Figures II*, Seuil, 1969. Não se trata, evidentemente, de negarmos que tal

I.2. ROMAN JAKOBSON E A POÉTICA

Parece-nos oportuno introduzir a problemática que nos interessa a partir de uma breve exposição da teoria poética elaborada por Roman Jakobson.

As propostas que a constituem, apesar de originárias do trabalho de equipe que caracterizou os dois Círculos Lingüísticos citados, não deixam de constituir o produto de uma atividade pessoal incessante em que teoria e prática permanecem associadas. Pode-se, com efeito, considerar Jakobson como, o principal autor do movimento teórico que imporá sua marca inclusive na concepção e na elaboração crítica da produção literária de nossos dias.

Cerca de sessenta anos de trabalho se encontram na base das teses que Jakobson reúne em suas obras mais conhecidas na Europa: *Ensaios de Lingüística Geral* e *Questões de Poética*[2].

No que concerne aos pontos essenciais aos quais se limita o presente capítulo, podemos esquematizá-los da seguinte maneira:

— A literatura não é uma representação da realidade, mas o resultado de um trabalho efetuado sobre a linguagem. Como conseqüência deste axioma, a "forma" é doravante inseparável do "conteúdo", da estória[3].

---

distinção tenha existido no passado sobre a base do critério métrico: nosso objetivo se situa simplesmente num *outro* terreno.

2. Essais de *Linguistique Générale*, *(ELG)*, Paris, Minuit, 1963 *Question de Poétique*, Seuil, 1972.

3. "A distinção tradicional entre forma e conteúdo é substituída por uma outra mais elaborada entre forma e material utilizado. Por mate-

— O texto literário representa uma utilização da língua na qual ele se inscreve. A conseqüência deste fato, é que ele cessa de ser irregularidade, desvio em relação a uma norma — indefinível. Ele se integra assim ao fenômeno da linguagem considerado globalmente.

Pode-se notar aqui que foi essa posição que conduziu os "formalistas" russos a se interessarem pela literatura: o texto literário, devido ao seu caráter organizado, permitia aos pesquisadores um exame mais detalhado e aprofundado dos fenômenos lingüísticos que aí se encontravam de maneira concentrada. Foi somente num segundo tempo que a atenção deles se voltou para o texto literário como tal e não mais como simples manifestação dos fenômenos da língua[4].

O texto literário partilha com os outros comportamentos verbais e com as demais manifestações artísticas as mesmas funções (emotiva, denotativa ou referencial,

---

rial queremos significar tudo o que entra na obra como devendo ser organizado pelo artista, elementos lingüísticos, idéias, sentimentos, acontecimentos etc., enquanto que a forma é para nós a maneira segundo a qual o artista manipula o material a fim de produzir seu efeito estético" (Mukarovsky, 1928) *apud* HAROLDO DE CAMPOS, *Morfologia do Macunaíma*, São Paulo, Perspectiva, 1973, Estudos 19.

4. "Naquela época, começávamos a desbravar novos caminhos na investigação da língua, e é a linguagem da poesia que se prestava melhor a isto, porque este domínio esquecido pela lingüística tradicional permitia abandonar a trilha dos neogramáticos, e além do mais, porque as relações entre fins e meios, assim como entre o todo e as partes, enfim, as leis estruturais e o aspecto criador da linguagem se encontravam, no discurso poético, mais ao alcance do observador do que na fala quotidiana." JAKOBSON "Vers une science de l'art poétique", in *Théorie de la Littérature*, Seuil, 1963, p. 9.

fática, metalingüística, conativa e poética). Essas funções não se excluem mutuamente mas neles se apresentam de maneira hierarquizada; a função poética é predominante no texto literário (sem ela não se pode falar de literatura) enquanto as cinco outras podem aparecer a diversos títulos.

Esta função, como se sabe, se caracteriza "pela mirada sobre a mensagem por sua própria conta"[5]. O que equivale a dizer que o texto literário resulta de um trabalho de estruturação ou de organização de seus materiais efetuado consciente ou inconscientemente pelo autor.

Reconhece-se a função poética nisso que ela consiste na projeção das equivalências do eixo da seleção (ou paradigma) sobre o eixo da contigüidade (ou sintagmático).

Concretamente, a função poética compreende no nível fonemático as equivalências sonoras, rítmicas, as aliterações, paronomásias, rimas, as equivalências de gênero, número, figuras e jogos de palavras; no nível sintáxico, as relações sintagmáticas (compreendendo os *shifters*, sintagmas, proposições e frases). Todas essas equivalências se organizam de maneira recorrente (paralelismos) sobre o eixo sintagmático a esta organiza-

---

[5]. "A função poética não é a única função da arte da linguagem, ela é somente a função dominante, determinante, enquanto que nas outras atividades verbais ela desempenha apenas um papel secundário, acessório. Esta função que põe em evidência o aspecto palpável dos signos, aprofunda por isto mesmo a dicotomia fundamental dos signos e dos objetos. Assim, tratando a função poética, a lingüística não pode se limitar ao domínio da poesia", JAKOBSON, *ELG*, p. 218.

ção, podemos apreendê-la como um sistema de relações entre as partes e o todo nos diferentes níveis da análise lingüística.

— A especificidade do texto literário em relação às outras manifestações artísticas ou expressivas (pode-se aí incluir o cinema, o teatro, a pintura, a escultura, a música, a dança etc.) reside evidentemente nos meios (= materiais utilizados). O texto literário faz parte desta maneira não somente das realidades de um outro tipo (os comportamentos verbais pertencentes ao campo social, psicológico, ideológico etc.) mas também das realidades oriundas do que se costuma chamar de "arte" (portanto, dos comportamentos expressivo-estéticos) diferenciando-se de ambas pela presença da literariedade (*litteraturnost*): "... esta propriedade abstrata que faz a singularidade do fato literário"[6].

— O texto literário se orienta em duas direções: a metáfora e a metonímia. No primeiro caso, ele se organiza sobre o eixo da seleção (ou, segundo Saussure, o eixo das associações semânticas ou sonoras e no qual os elementos se definem pelas relações *in absentia*); no segundo, sobre o eixo da contigüidade (a sucessão sintagmática dos elementos *in praesentia*). As duas direções podem se encontrar combinadas no texto.

A vantagem teórica desta premissa é que ela permite integrar o fato literário em outros tipos de fenômenos mais extensos provenientes da psicologia, da sociologia, da psicanálise, da neurologia, ou da semiologia das artes: a metáfora e a metonímia, por exemplo, ocupam

6. T. TODOROV, *Qu'est-ce que le structuralisme*, p. 102.

uma posição central nas teses de Freud, desenvolvidas por Jacques Lacan, assim como nos trabalhos de Jakobson sobre a afasia e as perturbações da linguagem. Estão igualmente no centro das pesquisas empreendidas pela retórica e pela estilística contemporâneas.

No *Dicionário Enciclopédico das Ciências da Linguagem*[7], são incluídos nos textos orientados sobre a substituição os textos ditos poéticos, isto é, aqueles que se caracterizam pela "organização rítmica do discurso que deve ser lido como uma pura configuração fônica, gráfica e semântica". À categoria dos textos orientados sobre a metonímia pertencem os textos de prosa, ou aqueles que se caracterizam por "um discurso representativo (mimético) que evoca um universo de experiência", ou em outros termos, os textos de *ficção*. Essa divisão pode corresponder aproximadamente à definição de Jakobson ("a metáfora para a poesia e a metonímia para a prosa constituem a linha de menor resistência")[8].

1. O PÓLO METAFÓRICO

Se admitirmos com Jakobson a existência de duas orientações possíveis para o texto literário, poderemos nos surpreender pelo fato de que o autor das proposições que acabamos de citar tenha se interessado de maneira quase exclusiva à forma de literatura "metafórica".

7. OSWALD DUCROT e TZVETAN TODOROV, *Dictionaire Encyclopédique des Sciences du Langage*, pp. 197-198. Seuil, 1972. (Trad. bras., 2ª ed. revista, São Paulo, Perspectiva, 1988.)

8. *ELG*, p. 67.

É certo que a poesia tem, para o mestre eslavo, o sentido que lhe atribui a etimologia pré-aristotélica, ou seja, o sentido geral de "fazer", de "criar" (do latim *poesis*, do grego *poiesis* – sinônimo de "criação"). Constatamos, entretanto, que a maior parte das análises literárias sistemáticas (e elas são numerosas) apresentadas por Jakobson têm como objeto o poema escrito ou ainda a poesia oral, o autor tendo consagrado apenas alguns ensaios, bastante penetrantes por sinal, ao texto em "prosa"[9].

O campo de suas pesquisas práticas se viu assim limitado essencialmente ao estudo das estruturas tipicamente poéticas do texto literário e o ponto de partida de suas análises continua sendo incontestavelmente as figuras fonemáticas em suas relações com as figuras morfológicas, semânticas ou frásticas.

Podemos tentar explicar este fato por duas razões principais; ele não deixará, no entanto, de colocar problemas que evocaremos a seguir.

---

9. Cf. *Questions de Poétique*, onde encontramos, ao lado das análises de Shakespeare, Dante, Du Bellay, Fernando Pessoa, Baudelaire etc., o artigo consagrado à prosa poética de Pasternak*. Jakobson não é o único aliás a privilegiar a poesia como campo de pesquisas: fazem-no igualmente NICOLAS RUWET (*Langage, Musique, Poésie*, Seuil, 1972), HENRI MESCHONNIC ("Prosodie du couple dans la vie Immédiate d'Eluard"; *Langue Française*, n. 7., set. 1970), P. KUENTZ ("Lecture d'un fragment de *Britannicus*", *idem*), JEAN-CLAUDE CHEVALIER ("Guillaume Apollinaire, *Alcools*, Rosemonde", *idem*), J.J. ROUBAUD ("Quelque thèses sur la Poétique", *Change* n.6, set. 1970, para citarmos os mais importantes na França.

* Este artigo está publicado no livro *Poética em Ação*, de Jakob-

A primeira razão é de certo modo histórica; conhece-se o interesse que Jakobson manifesta pelo desenvolvimento da fonologia. Seus trabalhos, conjuntamente com os de Trubetzkoy, se encontram, é notório, à base da fonologia moderna[10] (Chomsky, Halle).

Acrescente-se a isso o fato de que os trabalhos conduzidos pelos pesquisadores russos e praguenses são reunidos em setores de "especialização". Deste modo, as estruturas narrativas fizeram o objeto das pesquisas de Chklovski, Tomachevski, Propp; os problemas estilísticos incumbem a Eikhenbaum, Tinianov, Vinogradov, Bakhtin, Volochinov; as questões de ritmo a Brik, Tomachevski; a diacronia a Chkolvski, Tinianov; o estudo das estruturas sociais a Tinianov, Volochinov. A Jakobson cabe o estudo das relações entre figuras fônicas e prosódicas e estruturas sonoras, base de sua teoria poética.

Além dessa razão, que podemos considerar como contextual, uma segunda razão, imanente, pode explicar esta preferência nos trabalhos de Jakobson.

Em seu estudo sobre a afasia[11], Jakobson desenvolve a teoria dos dois pólos da linguagem, metafórico e metonímico. Como já se viu, o primeiro é fundado sobre as relações de substituição (similitude, contraste, tautologia, metáfora), enquanto o segundo é fundado sobre

---

son, organizado pelo Prof. João Alexandre Barbosa, publicado pela ed. Perspectiva na col. Estudos (N. da R.).

10. Os fundamentos de sua teoria fonológica se encontram na seção "Fonologia" dos *ELG* (Caps. 6 e 7).

11. "Deux aspects du langage en deux types d'aphasie", *idem*, pp. 43 es.

as relações de contigüidade. Dada a definição da função poética, e o critério que permite reconhecê-la (critério da projeção), o texto poético depende da metáfora, na medida em que as relações de substituição podem recobrir a equivalência fônica, os paralelismos métricos dos versos, relacionáveis à similitude e o contraste métricos; por conseguinte, ele se coloca no nível significante, na materialidade (gráfico-fônica) do *signo*. O texto de prosa, por outro lado, depende da metonímia, na medida em que se orienta sobre o eixo da concatenação, focalizando o "referente". Na poesia, objeto construído a partir do signo (em sua relação necessária entre o significante e o significado), o "como" é inseparável de "o quê"; na prosa – "pragmática"[12], é o que se diz que prevalece sobre o "como se diz".

Pode-se argüir que se simplifica demasiadamente o problema com a introdução desta demarcação entre poesia e prosa. Na realidade, ela se justifica por razões históricas[13] e podemos aceitá-la como hipótese de trabalho se admitirmos, além disso, que da prosa se desprende uma ficção ou uma narração multi-reproduzível (traduzível de uma língua a uma outra, resumível, transponível às demais artes além da literatura) que é difuso, ausente ou secundário nos textos poéticos.

---

12. *ELG*, p. 66.

13. "Foi no nível do conflito social que nasceu um primeiro esboço teórico da *fala fingida*" (prosa literária) ("diferente da fala fictiva, aquela dos poetas; a poesia era então a única literatura" (século V a.C.), "a prosa só teve acesso a esse estatuto mais tarde" (com Górgias de Leontium, 427 a.C.), BARTHES, *Communications*, 16, 1970.

Por outro lado, é evidente que a poesia, ou melhor, o poema, tem uma existência material específica, bastante marcada (pelo verso, pelas rimas, pelo ritmo, pelas figuras etc.) o que torna seu estudo metodologicamente mais fácil.

A dificuldade do estudo da prosa é aliás assinalada pelo próprio Jakobson:

Na Índia Antiga e na Idade Média latina, a teoria literária distinguia dois pólos da arte literária, chamados, em sânscrito, Pãñcãlī e Vaidarbhī e em latim respectivamente *ornatus difficilis* e *ornatus facilis*, este último sendo evidentemente um estilo muito mais difícil de analisar linguisticamente: com efeito nas formas literárias deste gênero, os procedimentos linguísticos são muito sóbrios e a língua assemelha-se a uma vestimenta quase transparente[14].

Do ponto de vista metodológico, um outro argumento pode justificar, para o pesquisador, a preferência para a poesia como campo dos estudos poéticos. Este argumento concerne ao *instrumento* da análise. Visto que este consiste em uma metalinguagem (crítica ou simbólica), o instrumento e o objeto aparecem como homólogos, oriundos da mesma operação intelectual:

A similitude das significações associa os símbolos de uma metalinguagem aos símbolos da linguagem à qual ela se refere. A semelhança associa um termo metafórico ao termo ao qual ele se substitui. Por conseguinte, quando o pesquisador constrói uma metalinguagem para interpretar os tropos, ele possui meios mais homogêneos para manejar a metáfora, enquanto que a metonímia, fundada sobre um princípio diverso, desafia facilmente qualquer interpretação[15].

14. *ELG*, p. 243.
15. *ELG*, p. 66.

O estudo da metáfora, e conseqüentemente o da poesia, é mais cômodo do que o estudo da prosa, por causa dessa homologia existente entre o objeto analisado e o exame analítico ou crítico (que é igualmente substitutivo, pelo seu caráter metalingüístico, e em definitivo, metafórico)[16].

2. LITERARIEDADE E METONÍMIA.

Que Jakobson tenha se interessado em primeiro lugar pelo *ornatus difficilis* por razões de preferência, de formação ou de metodologia, isto não se discute. O que pode colocar problemas são as conseqüências de sua definição do objeto da Poética, isto é, da literariedade.

Com efeito, podemos resumir o que acaba de se dizer sob a forma de dois silogismos:

I*a*) se o texto poético é organizado como um sistema de recorrências;

b) um jogo de correspondências ou de paralelismos perceptíveis (analisáveis) em primeiro lugar no nível do significante (ou da "face material do signo");

c) então, a Poética, enquanto parte da lingüística se interessa pelo trabalho efetuado sobre o texto poético.

Por outro lado,

II*a*') se a literariedade se caracteriza pela mirada sobre a mensagem por sua própria conta;

---

16. A respeito da função poética e da metalinguagem, Jakobson acrescenta (*op. cit.*, pp. 220 e 221).

b') se é do lado do significante que se apreende a função poética;

c') então, a literariedade se encontra no espaço do texto poético (mesmo se ela se encontra em outra parte), que fica sendo o objeto privilegiado da investigação poética[17].

Seria fácil concluir do que vem de ser dito, que a Poética vê seu campo limitado unicamente aos estudos do texto versificado, e o reenvio de Jakobson e Lévi-Strauss reforçará esta "tentação"[18]:

> Mas o trabalho precursor de Propp sobre a estrutura dos contos populares mostra-nos como um exame sintático conseqüente pode prestar um auxílio *decisivo*[19], mesmo na classificação das ações tradicionais e no levantamento das estranhas leis sobre as quais repousam a escolha e a composição destas últimas. Em estudos recentes, Lévi-Strauss aplica um método bem mais penetrante, o da *construção*[19] do conto e do mito[20].

---

17. Pode-se observar que a metalinguagem faz igualmente um uso seqüencial de unidades equivalentes, combinando expressões sinônimas em uma frase equacional: A = A ("A égua é a fêmea do cavalo"). Entre a poesia e a metalinguagem, entretanto, há uma oposição diametral: na metalinguagem, a seqüência é utilizada para construir uma equação, enquanto que em poesia é a equação que serve para construir uma seqüência".

18. *ELG*, p. 222: "Resumindo, a análise do verso é inteiramente da competência da poética, e esta última pode ser definida como aquela parte da lingüística que trata da função poética em suas relações com as outras funções da linguagem".

19. Grifo nosso.

20. *Idem*, pp. 243 e 244.

3. METONÍMIA E REFERENTE

Antes de superarmos esta primeira clausura do campo poético — clausura que corresponde a um primeiro tempo da teoria jakobsoniana, como tentaremos mostrar em seguida — deixar-nos-emos levar pela direção de pesquisa que sugere Jakobson ao enviar-nos aos trabalhos de Propp e de Lévi-Strauss.

Não sem antes acrescentarmos o seguinte: que o método inaugurado pelos dois autores toma o binômio metonímia-referente ao pé da letra e pode, por este fato, ser considerado como extralingüístico, ou se se prefere, supralingüístico. O que não diminui em nada sua importância, haja visto os numerosos pesquisadores que nela se inspiraram[21], contribuindo assim para enriquecer os estudos literários.

3.a) Vladimir Propp[22]

Se Propp manifesta um interesse indiscutível pelo estudo da prosa, sua prática não deixa de ser particularmente específica. Seu objetivo, com efeito, consiste em estabelecer uma "morfologia" (ou estudo estrutural) do conto popular russo e mais precisamente da categoria do "conto de fadas".

---

21. Cf. as pesquisas da Ecole Pratique des Hautes Etudes: BREMOND BARTHES (in *Communications*, n.4 e n.8), os trabalhos de TODOROV, GREIMAS na França. No Brasil, os de HAROLDO DE CAMPOS, *op. cit.*

22. Para maiores detalhes, remetemos o leitor à *Morphologie du conte*, Points, Seuil, 1970 e ao artigo de LÉVI-STRAUSS ("La Structure et la Forme"), in *Cahiers de I.N.S.E.A.*, n. 99, mar. 1960, série M.

Para tal, ele parte da crítica das classificações já existentes (Miller, Wundt, Aarne, Vesselovski, Bédier) retendo destas somente a noção de elementos constantes e variáveis (Bédier), e define a unidade constitutiva do conto como sendo uma função (elemento constante). A função é somente a ação das personagens definidas pela sua posição na narração e pelo seu alcance ou projeção significativa no desenvolvimento deste.

É verdade que para estabelecer a função como unidade constitutiva do conto, Propp é levado a operar uma dupla redução: a das personagens, numerosas e diversificadas e a das intrigas ou motivos temáticos. Personagens e intrigas serão denotadas por um nome de ação do tipo "Vitória", "Rapto", "Transgressão" etc.

Ele chega assim a formular quatro teses da maneira seguinte:

1) Os elementos constantes, estáveis, do conto são constituídos pelas funções das personagens, independentemente da identidade do ator e da sua maneira de agir. Que formam as partes constitutivas do conto.

Após um exame de uma centena de contos, Propp chega à segunda fórmula. Todos os contos apresentam sete funções preparatórias que correspondem à situação inicial e que provocam a ação das personagens herói-vítima, herói ou vítima), num total de 31, ou seja:

2) O número das funções conhecidas nos contos populares maravilhosos é limitado.

Estas funções (das quais algumas podem naturalmente faltar em certos contos) implicam-se lógica e esteticamente (assim, "o assalto não pode ocorrer antes de a porta ser arrombada" etc.), de onde a terceira tese:

3) A sucessão das funções é sempre idêntica.

Esta terceira tese conduz a uma quarta, que colocará problemas para uma classificação dos contos maravilhosos (na medida em que só se pode estabelecer classes quando existe oposição, ou diferenças), o que é a seguinte:

4) Considerados do ponto de vista da estrutura, todos os contos de fadas se reduzem a um único tipo.

Com efeito, se admitirmos com o autor que o número de funções é limitado para todos os contos e que a sucessão delas é sempre determinada por uma "lógica da narração", e que por outro lado todas as funções não aparecem simultaneamente, teremos, para a totalidade dos contos, uma mesma estrutura subjacente.

É sobre este ponto que convergem as críticas de Lévi-Strauss[23] que não discutiremos aqui, nosso propósito se limitando ao exame da teoria de Propp no que ela propõe para a "poética da prosa".

Do que acaba de ser dito, de maneira bastante sucinta, pode-se concluir o seguinte: que, embora representando um primeiro passo importante e fecundo para o estudo de um gênero "prosaico", o conto, e no interior deste, o conto "maravilhoso com sete protagonistas", sua empresa não visa a "literariedade" como a entendemos, mas antes a sistematização das unidades significativas da narração, ou em outros termos, das unidades "lexemáticas" segundo a definição da gramática moderna[24].

---

23. Artigo citado, p. 33.

24. O lexema, recordemo-lo, é a unidade abstrata de "sentido": o lexema "vitória", por exemplo, se realiza nas palavras gramaticais, foné-

3.b. Claude Lévi-Strauss

Em seu artigo "La Structure et la Forme", Claude Lévi-Strauss examina detalhadamente o trabalho de Propp sobre o conto e efetua uma análise crítica do método morfológico, extraindo deste último as convergências e as divergências que ele apresenta em relação à sua própria teoria.

Lévi-Strauss considera que a investigação de Propp é formalista na medida em que, distinguindo a forma do conteúdo ("funções" e "motivos"), ela limita seu interesse à primeira, enquanto que o estruturalismo, do qual ele se reclama, abandona esta distinção em proveito do conceito de *estrutura*[25].

Uma vez estabelecida esta oposição, o autor contesta a Propp o fato de não ter decomposto as funções em traços distintivos, ou seja, de não tê-las considerado como feixes de elementos diferenciais e permutáveis, e por conseguinte de não ter continuado para além do nível empírico da análise.

É com efeito o princípio dos feixes de elementos que encontramos na base do estudo dos mitos e da definição dos "mitemas", unidades constitutivas do mito e

---

ticas ou ortográficas "venço", "vencido", "vencedor" (LYONS, *Linguistique Générale*, Larousse, 1970). Mesmo em se admitindo a existência de uma certa recorrência lexemática no interior do conto, ela não basta, isolada, para preencher o critério de "literariedade".

25. "O conteúdo tira sua realidade de sua estrutura, e o que chamamos de forma é a 'estruturação' (*mise en structures*) das estruturas locais, em que consiste o conteúdo" (p. 22).

definidas como não-temporárias em oposição às unidades cronológicas, funcionais, do conto[26].

Os mitemas, dirá Lévi-Strauss, devem ser procurados no nível da *frase* e não no do léxico, pois "o mito existe simultaneamente na linguagem e além dela"[27]. No entanto, para a perspectiva que é a do mitológico, o que vai ser privilegiado na análise do mito são os "conjuntos" de relações[28] (a relação sendo definida como a atribuição de um predicado a um sujeito a partir das frases) que constituem os mitemas e dos quais unicamente a combinação fará com que eles adquiram uma função significante. Este fato permitirá o reconhecimento da dupla natureza do tempo mítico, ao mesmo tempo reversível e irreversível, sincrônico e diacrônico.

O que nos parece importante sublinhar aqui é que a linguagem, para a análise do mito, representa mais um ponto de partida do que de chegada; é mais um meio do que um fim:

É verdade (que os mitemas) são ainda palavras, mas de duplo sentido: *palavras de palavras*, que funcionam simultaneamente em dois planos, o da linguagem, onde elas continuam a significar cada uma por si, e o da metalinguagem, onde elas intervêm como elementos de uma suprasignificação, que só pode nascer de uma união[29].

26. "La structure des mythes", Cap. XI, *Anthopologie Structurale*, Plon, pp. 58 e s. e p. 225.

27. *Idem*, p. 230.

28. Em francês "paquets (maços) de relations".

29. LÉVI-STRAUSS, art. cit., p. 35.

Poder-se-ia pensar que, até aqui, o método de Lévi-Strauss se apresenta como análogo ao método da poética visto que nesta última, a linguagem é também considerada em dois planos, como objeto imediato, mas igualmente como mediador de uma significação literária, pois tem-se em vista o discurso literário e não as frases do texto[30].

Na análise do mito, entretanto e *a fortiori*, todos os elementos lingüísticos extraídos do discurso devem ser interpretados de um ponto de vista *específico*, diametralmente oposto ao poético. Isso aparece claramente no que diz Lévi-Strauss:

> Poderíamos definir o mito como o modo do discurso em que o valor da fórmula *traduttore, tradittore* tende praticamente a zero. Nesta perspectiva, o lugar do mito, na escala dos modos de expressão lingüística, é oposto ao da poesia, apesar do que se diz para aproximá-los. A poesia é uma forma de linguagem extremamente difícil de traduzir numa língua estrangeira, e toda tradução acarreta múltiplas deformações. Ao contrário, o valor do mito como mito persiste, malgrado a pior tradução. Qualquer

---

30. Podemos citar Benveniste (in *Problèmes de Linguistique générale*, II, NRF, Gallimard, 1974, Cap. III: "Sémiologie de la Langue", pp. 43 e s.; Cap. XV: "La forme et le sens langage", pp. 215 e s.) que distingue o plano da *Língua*, no qual a língua é um sistema de signos que se caracterizam pela propriedade de *significância* no nível do "reconhecimento" do signo e o plano do *Discurso*, no qual o que importa é a "função da língua como produtora de mensagens" (p. 64), investido de significância no nível da "compreensão", em relação, de um lado, às palavras, do outro, do mundo. A unidade do primeiro plano, que Benveniste chama de *semiótico* é o *signo* e a teoria de Saussure pode ser o ponto de partida de sua análise; a unidade do segundo é a *palavra* e este segundo plano, Benveniste chama de *semântico*, "onde cada palavra só retém uma pequena parte do valor

que seja nossa ignorância da língua e da população em que se o recolheu, o mito é percebido como mito por todo leitor, no mundo inteiro. A substância do mito não se encontra nem no estilo, nem no modo de narração, nem na sintaxe, mas na *estória* que é contada. O mito é linguagem, mas uma linguagem que trabalha num nível muito elevado, e onde o sentido consegue, por assim dizer, *decolar* do fundamento lingüístico sobre o qual ele começou a rolar[31].

Em conclusão, se o método de Vladimir Propp mantém uma relação incontestável com a análise poética, na medida em que permanece no interior dos estudos literários[32], o método de Lévi-Strauss, ao contrário, pelo seu caráter extremamente geral, dela se aproxima um pouco e se afasta muito. O mito pode se encontrar em todas as formas de linguagem e a crítica de Lévi-Strauss a Propp vai *no outro sentido*: Propp levou em pouca conta a estória, isto é, os elementos do conteúdo.

Nesse caso, podemos nos perguntar se, mesmo representando dois tipos de estudo excepcionais do ponto de vista teórico e referindo-se certamente ao domínio que nos preocupa, esses dois autores não se afastam demasiadamente dos caminhos traçados por Jakobson, o

que tem enquanto signo" (este "tendo uma denotação conceitual e incluindo numa subunidade o conjunto de suas substituições paradigmáticas" (p. 229). A dimensão da significância semântica pertence à análise intralingüística enquanto que a metassemântica, construída sobre a semântica da enunciação se fará na análise translingüística (p. 66).

31. *Anthropologie*, p. 232.

32. Ele permite, sem dúvida alguma, analisar de maneira eficaz certos tipos de textos aparentados ao conto e/ou ao mito. Cf. o brilhante estudo efetuado pelo poeta e crítico brasileiro HAROLDO DE CAMPOS sobre o *Macunaíma* Mário de Andrade, in *op. cit*.

primeiro pelo caráter limitador de seu trabalho, o segundo pelo seu alto grau de generalidade. Além do mais, parece claro que a literariedade não constitui o objeto dessas duas teorias.

III. 1. METONÍMIA VERSUS METÁFORA.

Aqui cristaliza-se a oposição prosa/poesia. A primeira, embora pertencendo por direito à "literatura", posto que orientada sobre a metonímia, vê privilegiada sua função "referencial"; a segunda, pelo seu "aspecto palpável", torna-se de fato o lugar da literariedade. Além disso, a prosa é estudada pelo viés do Discurso, enquanto que é sobre o signo que convergem as investigações poéticas.

Essa divisão — entre o signo e o referente — que forneceu seguramente a ocasião para o desenvolvimento das pesquisas literárias, parece-nos, portanto, atualmente, não ter mais sentido na medida em que provoca a dispersão dos esforços que visam fundar uma teoria do fato literário. E se devemos-nos interrogar sobre a literariedade enquanto objeto fundador de uma ciência, convirá reintroduzir na análise poética outros elementos teóricos, cuja importância o próprio Jakobson sugeriu na definição de sua pesquisa e que permaneceram até hoje praticamente à margem da investigação literária.

Esse desenvolvimento nos permitirá, também, superar algumas dificuldades que se apresentam à pesquisa literária contemporânea.

Em primeiro lugar, mesmo se admitirmos uma diferença fundamental entre a prosa e a poesia de tipo canônico (entre os "dois" Victor Hugo, por exemplo), é forçoso reconhecer hoje em dia a existência de uma margem crescente de textos "inclassificáveis". O texto contemporâneo e, por conseguinte, o texto das épocas anteriores relidos de maneira conveniente e nova (tal não é a empresa de um grupo de poetas-pesquisadores como o grupo Noigandres?), necessita uma poética ampliada, e por isso mesmo mais eficaz.

Se este fato concerne apenas ao *campo* em que se opera a investigação literária, um segundo ponto merece ser levado em conta que concerne à questão das *formas literárias*.

A análise de conteúdo, ao mesmo tempo que permite estruturar as ações, as funções, os mitemas e os narratemas, se esforça em fornecer as definições das formas literárias caracterizadas por tais estruturações.

Assim, se a análise de Propp lhe dá a possibilidade de afirmar que todos os contos populares possuem a mesma estrutura subjacente, o inverso é verdadeiro, ou seja, que todos os textos (escritos ou orais) que funcionam como contos o são.

Pode-se obter, por este tipo de análise reversível, a definição dos gêneros tais como a novela, a descrição, a carta — o que equivale a dizer que *o gênero, definido pelo uso, se vê confirmado na análise da estruturação do conteúdo*.

É bem evidente que este tipo de análise — tautológico — (e isto exclui talvez os trabalhos de Lévi-Strauss, sua preocupação sendo diferente) só pode ser feito *a posteriori*, a partir da proliferação de um gênero bem definido de início. Ela não é predizível e permanece indutiva.

Por outro lado, e inversamente, os estudos efetuados sobre o texto poético não o questionam sobre sua forma (balada, elegia, epigrama, epopéia, fábula, hino, poemeto medieval, madrigal, ode, soneto, estança...), sem dúvida porque as regras da forma são demasiado evidentes. No tipo de estudo inaugurado por Jakobson, o que é analisado exaustivamente é o texto e não a forma poética em que se inscreve o texto. A análise de Jakobson privilegia a "textura" mais do que o "quadro" formal em que se manifesta a organização dos elementos e do todo; ela visa essas relações entre as sonoridades e o sentido, entre as posições (fim de verso, início de verso) e a categoria da palavra que as preenche.

Hoje em dia, o estudo das formas poéticas se esboça. É nesse sentido que se orientam os trabalhos de Jacques Roubaud quando tenta, apoiando-se na gramática gerativa, colocar a existência de esquemas métricos "profundos", transformados e atualizados em tal ou tal poema em particular[33].

A hipótese inicial é que "um metro codifica a organização sonora dos enunciados de uma língua" e o *verso* representa a "estrutura superficial" obtida por uma série de *transformações* da estrutura profunda. Esta última "é realizada por uma sucessão discreta de *posições*, cada posição podendo ter um dos dois valores

---

33. Cf. "Quelquer thèses sur la poétique", *Change*, n.6, Seuil, set. 1970.

possíveis escolhidos num par de traços". No caso do metro acentual, os valores possíveis seriam: acentuado – não-acentuado[34].

Essa idéia da "poesia métrica como código da linguagem", se levada adiante, pode dar conta da existência de formas poéticas variadas a partir do sistema fonológico e prosódico de uma língua num dado momento.

O caso do verso livre por outro lado instala a problemática no âmbito do Discurso: "o único traço formal que caracteriza o verso livre como tipo de poesia é o fato de mudar de parágrafo". Acrescenta-se a esse traço, o fato de que o "verso livre se constrói em torno de um pequeno número de *núcleos fônicos*" (que não são exatamente as sílabas ou os grupos de sílabas mas antes um sistema de classes de equivalências de tais agrupamentos) que funcionariam como código das "classes naturais de traços distintivos"[35].

Vê-se que entre o verso livre e o discurso não-poético há possibilidades de examinar o discurso poético, aquele que se caracteriza por um jogo de figuras "gramaticais" e pela presença de certas marcas formais do tipo parágrafo, capítulo ou espaço branco[36].

No interior do discurso poético, por conseguinte, a prosa encontra um lugar enquanto expansão do verso li-

---

34. É um pouco a mesma idéia a que exprime Jakobson quando distingue "o modelo de verso", "o exemplo de verso" de um lado, e "o modelo de execução" e "o exemplo de execução" de outro (*ELG*, p. 232).

35. ROUBAUD, pp. 16-21.

36. Não pensamos trair o pensamento de Jacques Roubaud, para

vre e a Poética vê seu campo amplificado, recobrindo desde a poesia métrica até o texto prosaico *sem abandonar a mesma mirada teórica*, a mesma ótica científica. Isto significa que se o estudo da função referencial do texto de prosa pode nos dar a possibilidade de descobrir certos procedimentos universais de fabulação, somente a pesquisa da relação língua-literatura é passível de definir os quadros formais pelos quais esses procedimentos se atualizam na fala e no discurso.

Uma terceira dificuldade teórica se apresenta à pesquisa poética quando esta se apóia demasiadamente sobre a dicotomia prosa/poesia, e ela é decorrente do que acaba de ser dito a respeito da disparidade dos estudos literários voltados quer somente para o "referente", quer exclusivamente para o "signo".

Vimos que mesmo se optássemos por este último como ponto de partida de nossa sistematização dos estudos literários, seria necessário fazer intervir a relação necessária entre língua e literatura para a constituição dos quadros formais (e virtuais) nos quais o texto literário se realiza.

Entretanto, tudo não fica resolvido: o texto literário (poético/prosaico) não é somente um conjunto de signos (por mais organizados que sejam) preenchendo quadros formalmente definidos. O texto literário (escrito ou oral) é também discurso, como o assinalamos acima, e nesse

---

quem: "É codificado no verso livre o fato de que toda língua é construída (não se trata aqui do "como") com o auxílio de elementos sonoros sem significado cuja concatenação faz aparecer, na frase, o sentido" (p. 19).

sentido, deve ser estudado no nível semiótico mas também no nível semântico[37].

Por conseguinte, e como conclusão: a dicotomia prosa/poesia, *tal como ela se constituiu no interior do discurso literário crítico*, deve ser inteiramente reformulada porque doravante ela não permite mais colocar certos problemas e *a fortiori* resolvê-los.

Incumbe à poética ver seu domínio amplificado a fim de tomar em consideração:

— a tendência ao desaparecimento da fronteira entre procedimentos puramente poéticos e procedimentos puramente prosaicos;

— a necessidade da colocação de quadros formais (lingüísticos) para a definição das formas literárias;

— a presença, em todo texto literário, de dois modos de "significância"[38], o semiótico (cuja unidade é o signo) e o semântico (cuja unidade é a palavra e cuja expressão é a frase).

O que se reivindica, em suma, é não a abolição da fronteira prosa/poesia na medida em que uma e outra apresentam características específicas; antes porém a constituição de uma *mesma* disciplina para o estudo das "duas orientações do texto literário": a prosa visada do lado do signo; a poesia igualmente como discurso.

37. BENVENISTE, *op. cit.*, p. 21.
38. *Idem*, p. 45.

III. 2. METONÍMIA E METÁFORA

Uma leitura atenta dos textos teóricos de Jakobson permite-nos encontrar a saída para o problema da metonímia.

O próprio Jakobson reconhece:

As classificações estabelecidas pelos manuais escolares são de uma simplicidade tranqüilizadora. De um lado a prosa, do outro a poesia[39].

O problema, diz-se, é que nos manuais escolares, a prosa se limita a ser nada mais do que "uma poesia sem imagens".

Essa visão errônea das coisas provém do fato de que, segundo Jakobson, os dois eixos de orientação do texto literário, a metonímia e a metáfora, foram num primeiro tempo considerados como *figuras poéticas*. O que se passou em seguida é que o estudo dos tropos poéticos se orientou em direção da metáfora. Houve portanto dupla redução: em primeiro lugar, a prosa foi evacuada da metonímia; em segundo lugar, a metonímia-figura foi englobada pela metáfora.

Se quisermos, por conseguinte, sair desse impasse, e a fim de restituirmos a metonímia à literatura, é preciso que devolvamos à metonímia seu *duplo* papel: como figura, seguramente, mas sobretudo como procedimento lingüístico (ou lógico) pelo qual se constitui o texto poético e/ou prosaico.

---

39. JAKOBSON, *Questions...*, *op. cit.*, p. 127.

Isso equivaleria a privilegiá-la em seu aspecto "material" e não mais como suporte de uma "estória", de uma ficção que se descola do texto[40]. Em outras palavras, a metonímia não deve mais ser considerada a partir dos tropos que caracterizam a poesia vista pela velha retórica, ela é doravante *procedimento* poético através do qual o texto de prosa é fixado sobre si mesmo e onde a função comunicativa é reduzida ao mínimo e "a relação torna-se objeto em si mesma e por si mesma"[41].

Não que a "relação" esteja ausente do texto poético no sentido clássico. Entretanto, no texto versificado é a relação do tipo substitutivo (ou paradigmático) que é levada em conta e que prima sobre a "relação" propriamente dita, a que liga elementos *in praesentia*. Esta última, do tipo sintagmático, aparece como objeto da pesquisa sobre a metonímia enquanto operação proso-geradora.

Atrair a atenção sobre o fato de que a relação sintagmática deve ser tomada como fundamento do estudo da prosa — é uma condição necessária à unificação do campo das pesquisas poéticas. Esta condição, entretanto, não chega a ser suficiente para a definição dessas pesquisas, o relacionamento sintagmático é o fundamento de *toda prosa*, ou como dirá Benveniste[42], de todo discurso.

Chegamos assim ao ponto crucial de nossa exposição.

---

40. Neste caso, o texto se desvanece em proveito de um relacionamento de coisas e não se pode mais falar em literatura.

41. JAKOBSON, *op. cit.*, p. 138.

42. Benveniste vai mais longe: a relação sintagmática é a única a permitir à frase ter *sentido*. Este corresponde à idéia que ela exprime e se

Partindo da constatação de que uma dicotomia demasiado marcada entre o estudo da poesia (voltada para o signo) e o estudo da prosa (voltada para o referente) era contraditória em relação a afirmação da existência de dois *eixos* de orientação do texto literário (segundo a equação jakobsoniana, metáfora: poesia :: metonímia : prosa), reivindicamos de certo modo uma amplificação da poética a fim de que os dois pólos literários fossem considerados dentro de uma mesma mirada teórica e de uma prática homogênea.

Para isto, invocamos argumentos de tipo diacrônico (as mutações literárias perceptíveis no nível da produção) e de tipo metodológico. Avançamos algumas proposições no tocante ao tratamento formal dos constituintes prosódicos do texto poético e do prosaico.

Isto não basta, entretanto, para que o problema da orientação metonímica do discurso fique resolvido no que concerne à literatura: conferindo à metonímia o papel de procedimento lógico-lingüístico (e psicológico), constitutivo do texto de prosa, corremos o risco que pressentiram Daniel Delas e Jacques Filliolet de recairmos na análise lingüística[43].

realiza "formalmente na língua pela escolha, disposição das palavras, pela organização sintáxica delas, pela ação que elas exercem umas sobre as outras" (*PLG* II, p. 225).

43. Os dois pesquisadores (in *Linguistique et Poétique*, Larousse, 1973) protestam contra esta generalização que, segundo eles, engloba o discurso poético e ocasiona o desaparecimento de sua especificidade. Benveniste parece, ao contrário, e com razão, pensar que "a iniciação à lingüística" assim definida permitirá "acolher com mais facilidade e abertura as noções ou as pesquisas que visam coordenar a teoria da literatura e a teoria da língua" (pp. 39 e 40).

Quanto ao risco de se recair na análise lingüística, Benveniste parece

Jakobson nota igualmente:

> Na composição não versificada (*verseless composition*), é assim que Hopkins chama a arte da prosa – os paralelismos são menos estritamente marcados, menos estritamente regulares do que no "paralelismo contínuo", e não existe uma figura fônica dominante: deste modo a prosa apresenta à poética problemas mais complicados, como é sempre o caso em lingüística para os fenômenos de transição. Nesse caso particular, *a transição se situa entre a linguagem estritamente poética e a linguagem estritamente referencial*[44].

Compreende-se então porque – diante da dificuldade de explicitar esse fenômeno de transição que constitui a prosa literária – a maioria das pesquisas se tenha orientado sobre o que a prosa parecia oferecer de tipicamente literário, a saber a *ficção*, esta "representação fictícia do universo da experiência".

III. 3. FICÇÃO E DISCURSO

O problema que deve ser levantado aqui – e que entrevimos a respeito dos métodos de Propp e de Lévi-Strauss – é correlativo àquele que sublinhamos para o discurso: além do fato de que a ficção possa se extrair de todo texto (que ele seja ou não pré-codificado for-

---

corroborar a observação dos pesquisadores citados, quando se refere ao estudo da linguagem poética: "existem tentativas interessantes, mas que mostram a dificuldade de se afastar das categorias utilizadas para a análise da linguagem ordinária" (*idem*, p. 37).

44. *ELG*, p. 243, grifo nosso.

malmente), a procura de suas unidades negligencia, até hoje, e sem dúvida no intuito de evitar o risco de recair na análise lingüística, o estudo dos elementos materiais do texto e que são os verdadeiros produtores da ficção.

Em outras palavras, se aceitamos com Benveniste que o discurso é o lugar onde o "sentido" e "a intensidade concebida globalmente" se realizam *em* e *por* uma forma específica, a forma do *sintagma*, e que ele engloba "o conjunto de referentes" (a língua adquirindo assim uma função mediadora entre "o homem e o homem, o homem e o mundo, o espírito e as coisas, transmitindo a informação, comunicando a experiência, impondo a adesão, suscitando a resposta, implorando, constrangindo, em suma organizando toda a vida dos homens"[45]), a ficção literária é o produto desta organização sintagmática na qual os elementos referenciais propriamente ditos (imaginários ou reais, indiferentemente) não são mais fictícios do que a realidade lingüística que engendra.

Ora, se examinarmos os trabalhos efetuados na França desde a publicação de *Critique et Vérité*, somos obrigados a constatar que freqüentemente os pesquisadores foram levados a "extravasar" a realidade lingüística não somente no sentido de Propp ou de Lévi-Strauss, – o que de certa maneira culminaria na pesquisa do que Chklovski chama de "os universais da fabulação" e que seria sem dúvida bastante frutuoso[46] – mas também em

---

45. BENVENISTE, *PLG*, p. 224.
46. Cf. os trabalhos de Bremond, Maranda e, de certo modo, Greimas, Rastier.

direção de uma abordagem "interdisciplinar", por assim dizer, do texto literário.

A conseqüência deste fato é que a literariedade não é mais definida de um ponto de vista formal (ou melhor, material), como preconizava Jakobson, mas de um lado ela se torna sinônimo de ficção e de outro, ela é vítima de vários deslocamentos conceituais[47].

Isto é nítido num Roland Barthes que propõe o corte do texto literário em *lexias* (unidades de sentido) interpretáveis segundo cinco códigos de referência: a empírica (as ações domináveis), a hermenêutica (a verdade), a Ciência (códigos culturais ou de referências), a Pessoa (código dos semas ou significados de conotação), o campo simbólico[48].

Outros pesquisadores, partindo do fato de que discurso e ficção não são o privilégio da prosa mas constituem as constantes de todo texto literário, praticaram

---

47. "Nesse sentido, a idéia de ficção se transforma alegoricamente em definição da literatura em geral, porque todo texto comporta uma fábula ou uma intriga, figurada ou abstrata, pondo em ordem em um "tempo" verdadeiro, verossímil ou inverossímil, linear ou quase-linear, uma seqüência de acontecimentos coerentes ou incoerentes (que podem, numa certa literatura formalista, se reduzir a meros acontecimentos verbais). Toda definição da literatura em geral como ficção comporta pois, aparentemente, um primeiro elemento que é a referência a uma fábula, imagem análoga da "vida". ETIENNE BALIBAR e PIERRE MACHEREY, in *Les Français fictifs*, *op. cit.*, pp. 37, 38.

Assim, a literariedade que define Macherey (*Pour une théorie de la production litteraire*, Paris, Maspero, 1971) e de uma certa maneira a crítica marxista em geral é *outra*: ela se encontra nos textos de ficção dos quais uma das funções é a de refletir os conflitos da ideologia que a engendra.

48. BARTHES, *SZ*, Seuil, 1971.

igualmente "a interdisciplinaridade" sobre o texto poético[49].

A tentativa que teve a maior repercussão nesse plano é a de Julia Kristeva[50] cujos estudos podem ser examinados a partir dos exemplos tirados de Mallarmé ou de Lautréamont, nos quais a linguagem poética "mesmo ao acentuar as transposições e as condensações desde o início características da poesia, ... demonstra também o mecanismo da metonímia considerado como mais especificamente narrativo".

A "interdisciplinaridade" característica do trabalho de Kristeva aparece de maneira bastante clara no comentário de Dellas e Filliolet[51].

Para construir semelhante semântica, J. Kristeva propõe integrar à estrutura profunda e às regras de transformação:

a) um mecanismo M dando conta das operações modais;

b) um mecanismo S marcando as "condensações" e os "deslocamentos" no significante;

c) um mecanismo φ introduzindo em particular observações psicanalíticas sobre o "lugar" (o *topos*) do sujeito falante no processo gerador do discurso;

d) um mecanismo I especificando a relação entre os fatores ideológicos e os efeitos de sentido.

49. Cf. as análises de P. KUENTZ, J. C. CHEVALIER e H. MESCHONNIC, *Langue Française*, n. 7, set. 70.

50. *Op. cit.*, p. 232. Cf. "La fiction pulsionnelle" de Mallarmé em *Prose*.

51. *Op. cit.*, p. 49.

O que se pode dizer de tal direção de pesquisa, é que o texto poético perde toda especificidade em relação ao discurso em geral, toda fala sendo atravessada por múltiplas linhas de força e é nesse sentido que Todorov se exprime em sua *Poética*:

> Eles negam todos (os estudos psicológicos ou psicanalíticos, sociológicos ou etnológicos, pertencendo à filosofia ou à história das idéias) o caráter autônomo do discurso literário e consideram-no como a transposição de uma série de fatos não literários ou de um outro tipo de discurso. O objetivo do estudo é então transpor o sentido da obra sobre o tipo de discurso considerado como fundamental: é um trabalho de decifração e de tradução; a obra literária é a expressão de "alguma coisa" e a finalidade do estudo é atingir este "alguma coisa" através do código poético[52].

III. 4. TEXTO E SISTEMA

Permanecer numa ótica "imanente" coloca por outro lado inúmeros problemas e a abundância de critérios que permitem "dar conta" dos três aspectos da obra literária, prosa ou poesia, e que são o semântico, o verbal e o sintático — cujo inventário é proposto por Todorov —, mostra bem a dificuldade de cingir rigorosamente a questão.

O aspecto semântico do texto é o da temática, e seu estudo compreende os tropos, os temas, os símbolos, as relações entre texto e realidade.

O aspecto verbal compreende o estudo dos parâmetros segundo os quais os acontecimentos, os fatos da

---

52. TZVETAN TODOROV, "Poética", in *Qu'est-ce que le Structuralisme*, pp. 101 e 102.

experiência, podem ser tratados no texto do ponto de vista estilístico (Modo); do ponto de vista temporal: a ordem, a duração, a freqüência dos acontecimentos (Tempo); do ponto de vista da atitude do autor: subjetiva ou objetiva; exterior ou interior; única ou múltipla e constante ou variável; impressionista ou realista; expressiva ou crítica (Visão); e do ponto de vista do grau de participação do autor enquanto sujeito do discurso (Voz).

O aspecto sintático é o único que nos interessa, os dois primeiros podendo ser considerados como secundários e fazendo parte dos *usos narrativos*. Ele concerne às relações que se estabelecem entre as unidades mínimas do texto literário. Acrescentemos que Todorov tenta conciliar os "dois" aspectos da ficção: o aspecto referencial e o aspecto lingüístico ou formal da obra.

Segundo o mesmo Todorov, a Relação mais importante no texto literário é a relação de causalidade (cronológica, lógica, temporal ou espacial). A dominância de um tipo de Causalidade sobre os outros permitirá a definição das formas (ou gêneros) literárias[53].

As unidades mínimas da narração, ligadas entre elas pela relação de causalidade, são de três tipos:

— proposição
— segmento
— texto

---

53. Assim a crônica, os anais, o diário íntimo, a saga, o diário de bordo pertencem à ordem cronológica. Por outro lado, a causalidade puramente temporal se encontra no discurso axiomático, teleológico, no retrato e nos gêneros descritivos. No interior da causalidade "espacial" (?) se situam os textos visuais.

e podem ser definidas do ponto de vista do conteúdo.

A proposição é a parte constitutiva do "motivo" (Vesselovski), no sentido lógico do termo e em cujo interior os actantes (Greimas) são unidos aos predicados. Essas unidades possuem uma dupla face, representada por uma face referencial (função) e uma face sintáxica (posição). Os actantes podem ser agentes ou pacientes e os predicados representam motivos dinâmicos, adjetivos ou verbos (Bremond).

As relações (que não se deve confundir com *a* Relação) que unem as proposições entre elas podem se subdividir por sua vez em:

– relações lógicas (causalidade, inclusão)
– relações temporais (sucessão, simultaneidade)   } conteúdo
– relações espaciais (repetição, oposição)   expressão.

As unidades narrativas ou proposições se unem em *seqüências*, cujo limite é marcado por uma repetição incompleta dos acontecimentos ligados pela relação de causalidade e culminando na transformação da posição inicial. Todorov considera que o número constitutivo da seqüência é de 5: situação inicial + perturbação + desequilíbrio + ajuste + equilíbrio reestabelecido.

As seqüências são reunidas segundo as relações que elas mantêm entre elas:

– relação de encaixamento (explicação causal, justaposição temática, *remplissage*[54];

54. *Remplissage* seria o equivalente de "encheção-de-lingüiça" em nosso idioma.

— relação de encadeamento (construção em andares);

— relação de alternância ou entrelaçamento (sucessão alternada das mesmas seqüências com intervalos regulares).

Os dois primeiros tipos de relação são definidos pelo conteúdo, enquanto o último se define do ponto de vista da expressão.

Um conjunto de seqüências forma um *Texto* que será do tipo romance, novela, drama etc., segundo os tipos de unidades que comporta ou das relações que as seqüências entretêm entre elas.

O mérito de Todorov é de ter tentado conciliar os dois aspectos do texto literário, ou seja, lingüístico (semiótico) e referencial (semântico). Mais precisamente, os dois níveis da análise lingüística tomada globalmente.

Além disso, seu trabalho fornece um certo número de critérios e de referências a partir dos quais pode-se construir um plano descritivo relativamente satisfatório. O que se pode criticar-lhe, entretanto, é o caráter um pouco estático de seu aparelho descritivo: falta-lhe uma definição mais nítida dos níveis diferentes nos quais se inscrevem os diversos parâmetros que seu estudo nos propõe, e cuja articulação não se apreende com clareza. Além do mais, o autor justapõe critérios quer de ordem "lógica", quer de ordem semântica, quer de ordem propriamente lingüística — a fim de extrair suas unidades — sem por isso propor uma hierarquização dos tais critérios, o que faz que a análise oscilará entre forma e referência segundo disposições *ad hoc*.

IV. 1. PARA UMA POÉTICA DA LITERARIEDADE

Não temos a pretensão de propor uma solução definitiva nem radicalmente oposta àquelas que examinamos no presente artigo, no que concerne aos problemas observados.

Parece-nos, entretanto, que duas etapas devem ser colocadas no campo da Poética para que ele ganhe em coerência para que a literariedade se torne um conceito-objeto produtivo.

A primeira consiste na unificação da noção de Texto como campo de investigação. A segunda na edificação de um tipo de análise onde a articulação dos diferentes níveis e fases seja capaz de recobrir a totalidade do campo textual, espaço espectral que vai da Metáfora à Metonímia e inversamente.

De um lado, num dos extremos, poder-se-ia colocar a poesia em suas manifestações mais marcadas do ponto de vista formal. No outro extremo, teríamos a prosa mais anódina, a mais transitiva possível (de tipo "informação meteorológica", "relatório" etc.).

Podemos representar este espaço por um esquema talvez simplista:

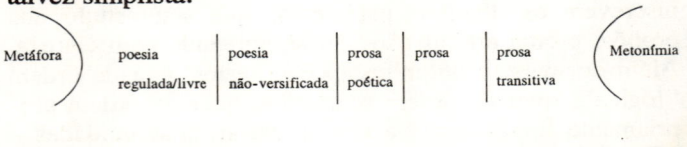

Metáfora	poesia regulada/livre	poesia não-versificada	prosa poética	prosa	prosa transitiva	Metonímia

+ FUNÇÃO POÉTICA   FUNÇÃO REFERENCIAL +

Um problema subsiste, o do reconhecimento da literariedade na ausência de regras poéticas formais[55].

Jakobson propõe duas respostas para esta questão:

No primeiro caso, é retida a noção de paralelismo — com a diferença de que o ponto de partida da análise não são as figuras fônicas iterativas que têm como correlato as figuras semânticas, mas as figuras *gramaticais* (morfológicas e igualmente sintáxicas). Assim, em sua análise do exórdio de Marco Antônio[56], Jakobson mostra que a "pobreza dos tropos lexicais é contrabalançada por suntuosos tropos e figuras gramaticais". Shakespeare constrói a oração fúnebre de Marco Antônio sobre a recorrência dinâmica (que consegue criar um efeito de persuasão bastante forte) unicamente dos morfemas (zero, "pois", "mas, e"/"entretanto, e"/"entretanto, e, seguramente").

Essa recorrência se encontra também mais adiante no poliptoto "contido na afirmação repetida ('César era ambicioso') como se referindo a meras palavras e não a fatos"[57].

O que se observa no texto de Shakespeare, por conseguinte, é não somente a recorrência de elementos verbais, mas também a transformação do sentido de tais elementos a cada ocorrência. Essas ocorrências são reforçadas (ao inverso do texto fonicamente marcado) por figuras fônicas que as subtendem.

---

55. Se excluirmos a definição "transposta" do paradigma como unidade no nível das funções, ações, seqüencias ou proposições.

56. JAKOBSON, *ELG*, p. 246.

57. *Idem, ibidem*.

Esta abordagem não é fundamentalmente distinta da que é proposta para o texto versificado posto que se trata igualmente de tomar como ponto de partida os paralelismos, estes podendo ser de ordem fônico-prosódica ou de ordem gramatical. A importância dos paralelismos é aliás salientada por Jakobson, quando diz:

> Um problema tão crucial para a lingüística e para a poética como o do paralelismo pode dificilmente ser dominado se limitarmos sistematicamente seu estudo às formas mais exteriores, excluindo da discussão os sentidos gramaticais e lexicais[58].

E mais adiante:

> Todo retorno suscetível de atrair a atenção de um mesmo conceito gramatical torna-se um procedimento eficaz[59].

A segunda solução que propõe Jakobson para o problema da prosa consiste em reter da literariedade apenas sua "mirada sobre a mensagem por sua própria conta", e em transpô-la para a metonímia. O texto de prosa torna-se literário ou portador de literariedade quando a "representação do real" se desvanece em proveito da relação sintagmática que em geral a veicula[60].

A metonímia criativa[61] "transforma da mesma maneira a ordem tradicional das coisas". A associação por

---

58. *Idem*, p. 223.
59. *Idem*, p. 225.
60. JAKOBSON, *QP*, p. 133.
61. Jakobson a respeito de Pasternak (art. cit.)

contigüidade no poeta torna-se "instrumento dócil do artista, efetua uma redistribuiçâo do espaço e modifica a sucessão temporal".

Ela cessa por conseguinte de ser um simples procedimento orientando o texto para o referente – procedimento que encontramos na prosa narrativa tradicional (fundada sobre a causalidade) – e resulta assim de uma tensão: "entre a metáfora que ela recusa e à qual se integra": num único movimento ela abole o sujeito e frustra a intriga provocando assim o que Jakobson designa como "um deslocamento às relações vigentes".

Nesta ótica a metonímia permanece intimamente ligada à metáfora e é de certa maneira subordinada a esta última. Na realidade, como no-lo faz observar Jacqueline Risset, nesse sentido, "a metonímia aparece de fato não como princípio organizador da prosa, mas verdadeiramente como princípio desagregador do universo do discurso"[62].

A análise que Jakobson faz da prosa poética de Pasternak[63] é extremamente rica em sugestões e observações, e numerosos são os exemplos fornecidos pelo autor. Ela permanece, entretanto, bem menos sistemática e rigorosa do que aquelas às quais ele nos habituara para o texto poético.

Não temos de optar por uma ou outra dessas duas soluções que no final das contas são complementares. O importante é considerar que todo Texto (poético ou pro-

---

62. JACQUELINE RISSET, art. cit., p. 232.
63. JAKOBSON, "Notes marginales sur la prose du poète Pasternak", art. cit.

saico) pode ser encarado como portador da paralelismos, analisáveis *a partir* do nível fônico-prosódico ou sintáxico, a escolha sendo antes uma questão de comodidade. Em segundo lugar, que mesmo se o que parece prevalecer na prosa narrativa é justamente a narratividade, a análise desta última deve ser feita em articulação com a realidade lingüística que a funda.

IV.2. LITERARIEDADE E SUPERCODIFICAÇÃO

A literariedade entendida como fenômeno de superposição recorrente de vários códigos simultâneos nos parece pois muito produtiva e encontra uma certa audiência entre os lingüistas e epistemólogos interessados pela questão da poética.

É nesse sentido que se deve compreender as palavras de Nicolas Ruwet[64].

> Talvez um dos poderes da linguagem poética provenha do fato de que as equivalências primárias, das quais algumas são rigorosamente codificadas, suscitam outras mais sutis, que por sua vez suscitam outras ainda mais tênues, e etecétera num jogo sem fim.

Levin[65] parece dar uma definição do emparelhamento bastante próxima da função poética quando define as estruturas poéticas como sendo formas semanticamente e (ou) fonicamente equivalentes, que se colocam em posições sintagmáticas equivalentes, constituindo assim tipos especiais de paradigma.

64. NICOLAS RUWET, *Language, Musique, Poèsie*, p. 216.
65. S. R. LEVIN, *Linguistic Structures in Poetry*, Haia, Mouton and

Mais recentemente Gilles Gaston Granger formulou uma idéia bastante próxima da nossa em seu estudo sobre o estilo[66]. Este último é definido como "a solução individual encontrada para as dificuldades com que se depara todo trabalho de estruturação"[67].

No que concerne ao texto literário, o estilo aparece como o *reforço* de um fenômeno comum a todos os fatos da fala, ou seja, a tentativa de comunicação da unidade de uma experiência pelo intermédio do código da língua. É o resíduo deixado por esta filtragem que constitui a significação.

O estilo na fala é portanto a maneira pela qual uma prática individual da linguagem tende a estruturar as redundâncias deixadas amorfas no nível da língua[68].

Nesse sentido, a literariedade repousa sobre a presença recorrente num texto de vários códigos entre os quais distinguimos os códigos *a priori* (estruturas da língua, do gênero) e o código *a posteriori* (estruturação latente) resultante do conflito entre os primeiros e a experiência individual[69].

Co., 1961.

66. G. G. GRANGER, *Essai d'une Philosophie du Style*, Paris, Armand Colin, 1968.

67. GRANGER, p. 109.

68. GRANGER, p. 111.

69. Poderíamos acrescentar aos códigos *a priori* o código gráfico e mais amplamente todas as convenções tipográficas que podem desempenhar um papel primordial no fenômeno de poetização. Se Granger não o

IV.3. SUPERCODIFICAÇÃO METONÍMICA E SUPERCODIFICAÇÃO METAFÓRICA

Voltando aos dois eixos que delimitam o campo dos textos literários, postularemos a diferença de supercodificação para o texto metafórico ou para o texto metonímico.

É certo que o caráter de relativa rigidez dos supercódigos em poesia não poderia subsistir na prosa. A supercodificação poética tem isso de particular que ela se dá, em relação à língua, como organização *a posteriori* da mensagem, sendo ao mesmo tempo, ao menos parcialmente, um *a priori* característico de uma época cultural ou de um grupo. A noção de forma "fixa" mostra bem a existência dessa ambivalência, caso extremo

evoca, é porque sua definição do estilo literário apresenta pontos comuns com a do estilo na fala, mas para ele a relação literatura/arte, em geral, não é posta em evidência:

"De maneira que a mensagem vulgar, sem ser menos rica de efeito de estilo que a mensagem literária, se caracteriza nos níveis superiores da estruturação por uma relativa anarquia. Fenômeno compreensível, se admitirmos com Jakobson que sua orientação principal não é a da mensagem em si mesma, mas a do contexto ou do contato com o ouvinte".

O termo *supercodificação* (supercodase) é igualmente um dos fundamentos dos trabalhos de Michel Riffaterre (*Ensaios de Estilística Estrutural*, Flammarion, 1971), mas num sentido radicalmente diferente do nosso. Com efeito, para este, ao lado da codificação efetuada pelo escritor, e no interior desta, vemos aparecerem formas supercodificadas, que são as formas *imprevisíveis* postas à disposição do leitor e intencionalmente, a fim de serem melhor percebidas. Essas formas perdem seu caráter supercodificado assim que o leitor as interioriza; novas formas, imprevisíveis em relação a estas últimas aparecem em outros pontos da cadeia e assim por diante linearmente e até o fim.

no qual o caráter *a posteriori* da supercodificação desapareceu quase completamente[70].

Isso poderia ser, por outro lado, o critério que nos permitiria distinguir a obra "forte" da obra "fraca", questão que teremos ocasião de evocar mais adiante.

No que concerne à prosa, Granger considera que o que a distingue da poesia se situa no nível da redução ou da supressão dos supercódigos intermediários:

> Desse ponto de vista o estilo da prosa pode se distinguir do estilo da poesia pela redução ou supressão das supercodificações intermediárias... Da mesma forma, uma passagem gradual é possível, como se sabe, da poesia à prosa, ou porque esses supercódigos se fixam... até se tornarem parte da língua, e a mensagem não passa então de uma prosa exteriormente cadenciada ou rimada; ou porque, ao inverso, certos supercódigos *a posteriori* se tornam absorventes, tão regulares, que desempenham o papel de codificações intermediárias da poesia, e a mensagem é então um poema em prosa[71].

De tudo o que acaba de ser dito, uma leitura apressada poderia levar a crer uma extrema rigidez (e daí a uma grande estaticidade) do fato literário: o poema inteiramente pré-codificado representaria o ponto culminante da literariedade?

Para responder a esta questão, postulemos em primeiro lugar que as formas inteiramente previsíveis da codificação poética constituem casos extremos, estereotipados, não preenchendo mais sua função literária[72].

---

70. GRANGER, *op. cit.*, p. 198.

71. *Ibidem*.

72. "Quando a supercodificação se torna por demais explícita, ela não preenche mais sua função", *idem*, p. 213.

Em segundo lugar, temos o direito de pensar (como Meschonnic, como Tomachevski, como Ezra Pound) que a obra "forte" cria seu próprio gênero, instaura seu próprio "código", sua própria "forma" que será "preenchida" por outras obras até o esgotamento[73].

Mas a poesia viva se caracteriza ao contrário, qualquer que seja a escola em que apareça, como a utilização de uma escala gradual de codificação indo da organização lingüística (mais ou menos flexível ou rigorista), aos supercódigos de caráter *a posteriori* cada vez mais acentuado, nesse sentido que são cada vez mais pessoais à mensagem e ao autor...[74].

A poética sincrônica se vê assim atribuir a tarefa de estabelecer com precisão quais são os códigos *a priori* utilizados em tal ou tal texto escrito ou oral distinguindo-os da codificação *a posteriori* efetuada pelo escritor. Trata-se, como o sugere Granger, de isolar "estruturações entrecruzadas, superpostas, algumas parciais, outras globais para um dado objeto"[75].

O texto poético (prosa ou poesia) em poética sincrônica se torna num primeiro tempo o lugar de uma dupla investigação formal: enquanto sistema semiótico (metáfora) e enquanto sistema semântico (metonímia). Esses dois sistemas devem então ser considerados como co-ocorrentes e analisáveis em relação aos códigos *a priori* (lingüísticos, poéticos ou literários, gráficos) e à

---

73. Isso coloca o problema de uma poética diacrônica que examinaremos na conclusão.

74. GRANGER, *op. cit.*, p. 198.

75. GRANGER, *op. cit.*, p. 203.

codificação *a posteriori* (individuação da mensagem, resultante do conflito entre o individual e o coletivo, entre a codificação e o já-codificado).

Nesse sentido, poética e lingüística não podem mais se dissociar, o texto sendo tomado antes de tudo como uma realidade lingüística. E seria interessante levar em consideração os esforços que visam o enriquecimento dos critérios concernentes à pertinência das equivalências poéticas introduzidos na poética por certos lingüistas.

Assim, por exemplo, a proposta de Ruwet que consiste em distinguir as equivalências resultantes de uma "*escolha facultativa*" (portanto da codificação *a posteriori*), da "*violação de uma regra*" (conflito entre os dois códigos), ou da aplicação de uma "*regra obrigatória*" (código *a priori*)[76].

Igualmente, os trabalhos de Ohrmann[77], em que o autor tenta reduzir um texto suposto literário unicamente às frases − núcleos a fim de revelar as transformações essenciais (alteração ou desaparecimento) que produzem a literariedade.

A gramática gerativa (Roubaud, Ruwet, Ohrmann, Van Dijk) assim como a análise da enunciação (Benveniste, Ducrot) podem hoje em dia fornecer elementos preciosos à análise poética, e em princípio nada as opõe à lingüística estrutural cujas descobertas incontestáveis

---

76. RUWET, *LMP*, p. 217.

77. OHRMANN, "Generative Grammar and the Concept of Litterary", *Word*, New York, 20.

permitiram a elaboração de um conceito muito produtivo, a literariedade, como Jakobson o define.

Num segundo tempo, poder-se-á encarar o Texto literário como um sistema semiótico e semântico secundário, o semiótico sendo constituído pelos dois modos de significância lingüística; o semântico, pelas relações entre o primeiro tomado globalmente e a Ideologia, o Contexto sócio-cultural, os demais comportamentos artísticos e expressivos etc.

Teremos assim:

$$\text{TEXTO} = \underbrace{\text{Sistema semiótico} + \text{Sistema semântico}} - \left\{ \begin{array}{l} \text{Códigos } a\ priori \\ \text{Códigos } a\ posteriori \end{array} \right\}$$

$$\text{TEXTO} = \underbrace{\text{SISTEMA SEMIÓTICO II} + \text{SISTEMA SEMÂNTICO II}}$$

Ou seja, para melhor explicitarmos:

O Texto é primeiramente um objeto lingüístico (e gráfico) a colocar num espaço espectral compreendido entre a metáfora e a metonímia segundo a predominância do modo de significância semiótica (signo $\neq$ referente) ou do modo de significância semântica (signo = referente). Se ele é metafórico, coloca-se a literariedade no resultado do conflito entre os códigos *a priori* (formais) e *a posteriori*, a função poética sendo aí nitidamente mais marcada do que as outras funções. Se ele é metonímico, a literariedade resulta de uma dupla tensão: entre códigos *a priori* e *a posteriori* de um lado; entre função poética e referencial, de outro.

O Texto é em seguida objeto semiológico. A análise aqui se apresenta como translingüística: os dois modos de significância, ou seja, os dois sistemas tomados em consideração no primeiro caso, constituem o único sistema semiótico neste caso. As unidades deste segundo nível não são mais proposições ou seqüências, mas textos (capítulos, partes, "movimentos" etc.) e o texto como função poética pode cessar de sê-lo para se tornar algo de completamente diferente. Em nossa opinião, o Texto como objeto semiológico semântico deixa de ser objeto da Poética.

V.1. APÊNDICE: UMA POÉTICA DIACRÔNICA

O artigo de Jacques Roubaud ilustra bem o fato de que o estudo das formas poéticas é intimamente ligado ao estudo das transformações que conhecem as línguas. Nesse sentido, a literatura é definida como "memória" e como "código" de uma língua e da linguagem:

> A literatura é memória, e código, não somente de uma língua particular (a literatura inglesa do inglês, a literatura javanesa do javanês, japonesa do japonês...) mas também da linguagem, de seu funcionamento, de suas leis[78].

A literatura, por conseguinte, *fixa* e *transmite* as características particulares e irredutíveis da língua na qual ela se inscreve.

Ao mesmo tempo, se é verdade que existem leis estáveis do funcionamento da linguagem, malgrado a infinita variedade das línguas e de seu

---

78. JACQUES ROUBAUD, "Quelquer thèses sur la poétique", art. cit., p. 12.

não menos infinito movimento no tempo, pode-se, ao que parece, revelar os traços comuns nas maneiras pelas quais, no curso dos tempos, as literaturas dessas línguas se viram refleti-las. Reconhecer esses meios, classificá-los segundo o papel deles, as ações, eis uma tarefa para a poética[79].

O aparecimento das formas poéticas se vê por esta razão diretamente relacionado com as modificações lingüísticas através das épocas.

Jakobson emite propósitos semelhantes quando aborda a questão das relações entre a poética sincrônica e diacrônica:

> Há uma correspondência estreita, muito mais estreita do que imaginam os críticos, entre a questão da expansão dos fenômenos lingüísticos no tempo e no espaço, e a difusão espacial e temporal dos modelos literários[80].

Seria certamente frutuoso associar nessa perspectiva o estudo dos fenômenos de "expansão" dos fenômenos lingüísticos com a escolha que fazem os gêneros literários de certas marcas formais (como a utilização do "eu" na literatura romântica, a função referencial na epopéia etc.).

Uma outra questão que faria o objeto da poética diacrônica, seria a questão da escolha dos "conteúdos" correspondentes aos diferentes gêneros, escolha certamente muito menos livre do que pensam os críticos literários. A poética diacrônica deverá ocupar-se enfim das condições de aparecimento e de desaparecimento (e de

79. *Idem*, p. 13.
80. JAKOBSON, *ELG*, p. 211, art. cit.

reaparecimento) das formas que deram origem aos diferentes tipos e gêneros literários.

V.2. APÊNDICE: METÁFORA E METONÍMIA COMO FIGURAS DO DISCURSO

Podemos citar, no âmbito das análises sobre a metonímia, a leitura que faz Gerard Genette da obra de Marcel Proust[81].

Trata-se para o autor de comparar as duas noções como figuras do discurso, de levantar o mal-entendido que se propaga na crítica literária segundo o qual o estilo proustiano é essencialmente metafórico.

> Longe de serem antagonistas e incompatíveis, metáfora e metonímia se sustentam e se interpenetram, e reconhecer o direito à segunda não consistirá em levantar uma lista concorrente em face da metáfora, antes em mostrar a presença e a ação das relações de "coexistência" no próprio interior da relação analógica: o papel da metonímia na metáfora[82].

A demonstração de Genette é muito persuasiva e o autor desenvolve longas análises do texto proustiano para em seguida – e é o que nos interessa – afirmar que:

> Se quisermos – como o propõe Roman Jakobson – caracterizar o percurso metonímico como a dimensão propriamente prosaica do discurso, e o percurso metafórico como sua dimensão poética, deveremos então considerar a escrita proustiana como a tentativa mais extrema em direção

---

81. GÉRARD GENETTE. "Métonymie chez Proust", *Figures III*, Paris, Seuil, 1972.

82. *Idem*, p. 42.

desse estado misto, assumindo e ativando plenamente *os dois eixos da linguagem*, que seria naturalmente irrisório chamar de "poema em prosa" ou de "prosa poética", e que constituiria absolutamente e no sentido pleno do termo, o Texto[83].

Ora, parece-nos poder patentear aqui um outro mal-entendido: Genette, apesar de referir-se aos dois eixos da linguagem, pensa na metonímia e na metáfora como *figuras do discurso*. Como figuras, metáfora e metonímia se realizam ambas sobre o eixo da contigüidade, mesmo se há substituição para a primeira e contigüidade propriamente dita para a segunda.

A metáfora-tropo não foi jamais excluída da prosa, assim como a metonímia-figura pode se encontrar numa grande quantidade de poemas versificados (recordemos a *Géante*, de Baudelaire, onde as comparações (metáforas) rivalizam em número com as sinédoques (metonímia).

Nesse sentido, se o texto de Proust é único, a razão não é seguramente este estado "misto" onde as duas figuras coexistem e se interpenetram. Outros fatores contribuem para torná-lo admirável, entre os quais certamente o ritmo, sobre o qual Genette se cala.

A relação entre metáfora e metonímia,. figuras, e os dois eixos da linguagem não é certamente indiferente, como o sublinha Jakobson, mas é bem mais complexa do que o pretende Genette:

Existem poemas de textura metonímica e narrações em prosa tecidas de metáforas (à prosa de Biély é um exemplo manifesto), mas um paren-

83. GENETTE, *op. cit.*, p. 61 (grifo nosso).

tesco bem mais estreito e fundamental une o verso à metáfora e a prosa à metonímia. É sobre a associação por similaridade que repousam os versos; o efeito destes é imperativamente condicionado pela similaridade rítmica, e o paralelismo dos ritmos se impõe de *modo mais intenso* se acompanhado por uma similitude (ou por um contraste) entre as imagens. A prosa ignora uma tal intenção de chamar a atenção pela articulação em segmentos de uma similitude propositada. E a associação por contigüidade que dá à prosa narrativa sua impulsão fundamental; a narração passa de um objeto ao outro, por vizinhança, seguindo percursos de ordem causal ou espácio-temporal, a passagem da parte ao todo e do todo à parte sendo apenas um caso particular deste processo. As associações por contigüidade têm tanto mais autonomia quanto a prosa é menos rica em substância[84].

Para Genette, a metonímia é dominante no texto proustiano. A metonímia – procedimento que engloba duas figuras: metonímia e metáfora. A análise do texto proustiano ganharia muito se estudássemos as figuras em relação às recorrências e aos paralelismos, que pertencem à metáfora como procedimento.

---

84. JAKOBSON, *QP*, p. 136.

2. O TÍTULO E A TRILOGIA

O título servirá aqui de duplo pretexto. Falaremos daquilo a que ele remete, a obra de Michel Butor — no caso os três livros que constituem sua primeira "trilogia" —, e igualmente de si próprio, nas funções que lhe atribuímos:

— de *anúncio*, visto que indica o que vai acontecer do ponto de vista da forma ou do conteúdo de uma obra literária, ou, como no exemplo presente, da forma-sentido;

— de *nomeação*, pois nomeia um objeto distinguindo-o assim de todos os outros;

— de *referência* (por extensão da precedente), permitindo ao utilizador (leitor, crítico, bibliotecário, livreiro etc.) identificar o objeto e citá-lo;

— de *síntese* (corolário da primeira), porque sublinha em uma ou poucas palavras o essencial da obra, essencial que para certas pessoas, ao ser omitido, não seria percebido como tal.

Comecemos por *Mobile*, palavra polissêmica. Nome substantivo-adjetivo, mas também nome próprio.

Quando adjetivo, ele significa em primeiro lugar "que se move, que pode ser movido, do qual se pode mudar o lugar ou a disposição". Em seguida: "ambulante, nômade, movediço, instável". Mas o dicionário[1], ignorando o prazer que nos causa, o dá como sinônimo de "amovível" no exemplo seguinte: "Os caracteres de imprensa *móveis* são aqueles que se pode reunir no momento da composição e que se pode em seguida desunir"...

Mas a palavra é igualmente substantiva. Chega a ter, por esta razão, um sentido envelhecido: aquele de "móbil de uma ação" (de uma escrita?). Designa, além do mais, um objeto, "conjunto de elementos construídos em materiais leves e organizados de tal modo que adquirem disposições variadas sob a influência do vento ou de qualquer outro motor"[2].

Este motor, decidimo-lo, é a escrita de Michel Butor.

Por conseguinte, se privilegiarmos o nome em sua substância, o título *Mobile* indicará, dirá que é metáfora, anunciará que designa o livro, ele próprio representação do *mobile*.

Mas o *mobile* sendo uma forma sem outro sentido além do movimento que significa, como fazer para representá-lo? Em outras palavras, como se pode representar uma forma?

Representando "outra coisa", para utilizarmos uma fórmula de Roland Barthes: *Mobile* representa a forma do *mobile* (que não passa de uma forma, insistimos)

---

1. Trata-se do *Petit Robert*.
2. *Idem*.

porque é (apesar de *mobile*) um estudo para a representação dos Estados Unidos.

E é por este meio que o título assume seu papel de nome próprio: *Mobile* designa o nome de uma cidade americana no Alabama por onde começa o percurso do livro. E por que não? O nome de uma marca de gasolina, pois esse percurso é também um percurso em automóvel. Ora, o nome próprio, diferente do nome comum, sabemo-lo, não indica nada mais do que a realidade, o referente.

O título, deste modo, adquire aqui um duplo valor: o de indicação de uma forma, *sua* forma, e o de indicação do referente, de seu *conteúdo*, por assim dizer.

Como Michel Butor opera esse encontro entre expressão e conteúdo? Como representa os Estados Unidos sob a forma móvel de um *mobile*?

Responderemos por um deslize do título propriamente dito às observações sobre o funcionamento da obra: a mobilidade da representação é obtida por intermédio da criação de estruturas móveis, assim como da superposição de várias gramáticas. Para romper a rigidez do discursivo lógico-linear, para conseguir obter uma representação *verbi-voco-visual* joyceana, Michel Butor encarrega os signos de se transformarem em símbolos, em imagens, ou mesmo em sinais.

Assim, o mapa – que, na classe dos substitutos representativos, pertence à categoria do *Retrato*. O retrato[3] é baseado sobre a semelhança perceptiva e relacio-

---

3. JEAN PAULUS, *La fonction symbolique et le langage*, Bélgica, ed. Charles Dessart, 1969.

nado em suas origens à imitação. Esse sinal, posto que se trata de um sinal, vai funcionar como matriz da rede dos nomes próprios, nomes de Estados e nomes de cidades americanas em *Mobile*.

No interior do jogo dos nomes, criando referências espaciais, se insere uma matriz temporal, a da ficção, sobre os dois eixos: diacrônico (da evolução) e sincrônico (da simultaneidade), organizada de maneira não-linear. A matriz gramatical extraída dos parâmetros espaço/tempo é a do binômio "hora/lugar".

A esta vem se enxertar uma outra gramática: a gramática tipográfica mallarmeana, provocando a alternância dos textos "estáticos" e dos textos "dinâmicos" do ponto de vista do funcionamento lingüístico (senão, como "exprimir" a mobilidade?). Aqui os catálogos, caligramas, variações, citações, descrições, quadros, narrações se organizam como as pautas de uma partitura onde o valor das notas diferentes é tomado em conta pela alternância dos caracteres tipográficos e das pausas, pelo espaço branco da folha de papel, espaço tão pleno quanto o espaço enegrecido (não se trata pois da complementaridade que, desde Mallarmé, constitui o espaço da escritura?).

À polissemia do título, por conseguinte, responde uma representação plurinivelar indo da mais direta, a dos textos-pássaros, retrato uma vez mais, verdadeiros caligramas do pássaro com as asas desdobradas ou de seu vôo migratório orientado sobre a página, direção oeste-este, este-oeste (migração igualmente determinada pelas estações do livro) àquela, indireta e simples, contrariamente à primeira, àquela dos textos-mar, metáfora de segundo grau, onde a organização dos textos se amplifica e se simplifica *por ondas*, ondulações, cristas, sucessão de formas simples e complexas e simples.

Ambigüidade a todos os níveis: melopéia, fanopéia, logopéia, segundo Pound[4], e que produz a construção e a desconstrução constantes do movimento.

Resumindo, o título nomeia o livro, individualiza-o, aproximando-o e distinguindo-o ao mesmo tempo do *mobile*-objeto. Ele indica o que se passa no nível da forma, representação concebida como um *mobile*, mas esta forma, por sua vez, permite o movimento de uma ficção outra, os Estados Unidos, materializando simultaneamente o movimento (o gesto) escritural em suas modificações. A cada modificação (de leitura? de escrita?), novas organizações são postas em dia, produzindo uma rede de correspondências entre a forma e o sentido. Ao mesmo tempo, o título sintetiza: constatamos que a forma-sentido que designa é uma; apesar de substituir o objeto que representa, *Mobile* é um livro que se apreende como um *mobile*, metáfora visual de seu objeto (o *mobile* e os Estados Unidos), seus grafemas inscrevendo-se sobre o branco que os cerca como o espaço interestelar circunda o *mobile*-objeto, os *mobiles* de Calder, É isto e não é.

O segundo título que nos interessa: *Descrição de San Marco*.

Título relativamente simples, não mais polissêmico, e onde o único elemento "exótico" é representado pelo

---

4. EZRA POUND, *ABC of Reading*.

o de San Marco. Indicando de antemão que se trata do retrato (quem diz descrição diz retrato).

Ao examinarmos a obra que nomeia, notamos que ela não é tão simples quanto seu título – neutro – deixa supor. Vemo-nos com efeito em presença dos mesmos elementos que marcam a organização de *Mobile*: a alternância dos caracteres tipográficos que recobrirão uma alternância de textos gramatical e semanticamente ambígua.

De fato, o que muda aqui, não é tanto a forma quanto o objeto de representação. *Descrição de San Marco* poderia ser comparada a um *stabile*, em oposição ao *mobile*, referindo-se a um monumento estático, a basílica veneziana.

Assim, enquanto, no caso anterior, a mobilidade era obtida pela superposição de gramáticas distintas – e dos contrastes resultantes –, em *San Marco*, Michel Butor se esforçará em representar um objeto estável, girando, por assim dizer, em torno de si próprio. Do exterior, por intermédio da descrição das pedras, do contexto; do interior, por intermédio da descrição – narração dos tempos passados, dos acontecimentos ligados à história sacra.

O (d)escritor culmina nos textos-mosaicos: cada unidade textual apresentará as características do texto descritivo, estático, e a combinação destes terá como efeito a representação de um monumento de pedra. Mas este monumento de pedra e de caracteres romanos – nenhuma dúvida sobre isto – é o objeto representado, basílica cercada pelas águas-palavras-eternas dos viajantes – que a visitam e cujo fluxo é ininterrupto. A continuidade é produzida aqui justamente pelo corte das conversas, dos diálogos, que se apresentam em pedaços.

Descrição de San Marco é pois um livro antitético. Antítese de *Mobile*, ele mesmo é o resultado da utilização/fabricação de procedimentos contraditórios: a imobilidade da pedra é reproduzida pelo movimento da escrita, enquanto a fluidez da água o é pela interrupção das palavras... E a estabilidade, resultante do contraste entre essas duas escritas.

Michel Butor imobiliza assim o movimento dando-lhe um caráter de *continuum*, de fluxo ininterrupto, incessante. Por outro lado, ele dinamiza o estático pela descrição das imagens, metonímica, pois do objeto se passa ao contexto, de um mosaico ao outro, do passado ao presente.

Por conseguinte, embora de maneira um pouco diversa (a diferença é de grau e não de natureza), os títulos *Mobile* e *Descrição de san Marco* informam o leitor *e* sobre a forma escolhida pelo autor *e* sobre o que se trata, esse "algo mais" de que deve falar a literatura.

Ao chegarmos a *6 810 000 Litros de Água por Segundo*, essa dupla informação desaparece unicamente em proveito do assunto. Ao primeiro contato, com efeito, esse título não nos diz nada sobre a maneira pela qual o livro é concebido nem sobre seu funcionamento. O leitor permanece aliás perplexo diante do aparente hermetismo desse título, assim como da dificuldade em pronunciá-lo e em retê-lo.

Se o examinarmos de perto, observaremos uma terceira diferença entre este e os demais títulos: enquanto *Mobile* (que o diz expressamente) e *San Marco* são obras essencialmente "espaciais", feitas para o olhar, *6 810 000 Litros* (e já o abreviamos) se apresenta como um estudo sonoro, estereofônico.

Isto significaria que não mais nos deparamos com a representação, com a escrita analógica? Então, estes algarismos?...

Na verdade, este "estudo" estereofônico representa as quedas do Niágara, pelo viés indireto da "espacialização" do tempo. Ora, conhece-se a homologia do som e do tempo, ambos lineares, ambos compostos de elementos sucessivos dispostos numa cadeia linear. Deste modo, ao inverso de *Mobile*, espaço escritural e interestelar, onde o olhar, o olho é privilegiado, *6 810 000 Litros* vai focalizar o par "tempo/orelha" (a partir do par, soma de duas pessoas). Mas, à maneira de *Mobile*, ele se organiza de modo não discursivo: continuamos no "verbi-voco-visual", mesmo se acentuamos aqui o aspecto vocal.

Pois, para atingir a representação das águas do Niágara, no que elas comportam de história (e de mitos) e de impacto acústico, Michel Butor vai acionar sistemas complexos que se superpõem e se supradeterminam reciprocamente[5]. Aqui como lá os efeitos são obtidos por uma construção minuciosa.

Nessa obra, os textos que "dialogam" (matrizes da forma-sentido) não são mais fragmentos de história e de atualidade, nem os textos do Antigo e Novo Testamentos, mas as narrativas "épicas" e o texto (com suas variantes) de Chateaubriand sobre o Niágara. A forma gramatical do catálogo, como para as duas outras obras, continua sendo utilizada (no caso, as flores).

5. Que não excluem, – é obvio –, o sistema tipográfico.

Por outro lado, continuamos na analogia: da forma da representação (*Mobile*), passando pela descrição de *San Marco*), chega-se em *6 810 000 Litros*, ao que os lingüistas consideram habitualmente como signos "motivados" da linguagem, ou seja, a entonação e o "tom" (a tonalidade) da voz.

A organização de todo o livro é baseada sobre o aspecto sonoro e auditivo da fala. Assim, os textos que compõem o livro se deixam classificar em: indicações quanto à escolha do número de vias de leitura; indicações quanto à maneira de ler: o fundo sonoro; a fala do *speaker*; a leitura do texto de Chateaubriand; os diálogos.

A difusão desta máquina sonora se faz por etapas: em primeiro lugar há o texto destinado a um grupo (*A*) de leitores, constituído pelos "executantes" e pelos "técnicos da estereofonia". Este grupo (*A*) de receptores se torna por sua vez emissor do Texto, destinado aos ouvintes, grupo (*B*) de recepção. Quanto ao leitor, ele participa dessa dupla leitura, podendo desempenhar os dois papéis, mas também um terceiro, pois tem uma função no *script*, a função que consiste em ler e em re-escrever Chateaubriand-Butor.

De modo que todo o conjunto obedece a esta dupla exigência – de ser lido (pelos olhos) como conjunto de grafemas; de ser lido (pela voz) como conjunto de fonemas.

Esses dois registros suportam os três parâmetros fundamentais de *6 810 000 Litros*: o do sentido (temática da obra); o do som (figuras fônicas, rítmicas, as pautas); e enfim o do número.

Pois o número, vemo-lo desde o título, tem uma importância capital na obra. É ele que engendra a organização e a distribuição dos textos no espaço do livro.

Falamos mais acima de representação. Na verdade, não se trata aqui de representar o elemento "água", mas a precipitação das quedas do Niágara, seu débito. Esta aceleração é obtida por um aumento progressivo do número (de textos, de personagens, de listas e de grupos de ruídos, de páginas, de horas, de vias de leitura, em suma, das partes e das subpartes do conjunto).

Para que o leitor sinta esta precipitação, o contraste funciona aqui como elemento de alerta, como sinal. Assim, no interior de um fenômeno que se precipita (metáfora do objeto representado), encontramos "paradas", como se o autor nos mostrasse, numa suspensão do tempo, os conflitos de outrora (apresentados sob forma narrativa das *res gestae*, tendo como tema a travessia das quedas), marcados por um deítico-data, comparados aos da busca contemporânea deste sítio de "lua-de-mel" que se pretende ver.

A tonalidade desta ópera sobre "o tempo num dado lugar" é dada pelos temas extraídos do texto de Chateaubriand, que funcionam como uma outra partitura introduzida no conjunto, à moda das colagens de Stravinsky, transposta.

O texto é aqui arquitetura, arquitetura musical, cujas partes são arranjadas com fineza do ponto de vista semântico e sintáxico, caleidoscópio de cores e de motivos que se modificam e se reorganizam em combinatórias sempre novas, produzindo e reproduzindo as quedas do Niágara como precipitação, aceleração e dispersão dos textos-água.

Portanto, e para concluirmos, se o título de *Mobile* funciona essencialmente como metáfora da forma do livro; se, para *Descrição de San Marco*, ele diz esta forma; para *6 810 000 Litros de Água por Segundo*, o que é indicado aqui é o que é dito pelo livro, mas analogicamente, pois as dificuldades que ele oferece à leitura, à sua enunciação, correspondem à realidade material à qual ele se refere: primeiramente uma demora, uma duração (os algarismos), em seguida uma queda (as palavras, ditas na pressa, compensadora, mas igualmente justificada pelo comprimento do sintagma).

Esse título funciona, pois, na fala como a massa de água rolando indecisa sobre o solo – gaguejamento das palavras – algarismos sobre os choques da memória – para se resolver em queda, afluência de palavras que correm (caem) sem esforço.

Sua ambigüidade (poética) não lhe vem do sentido – unívoco – contrariamente a *Mobile*, mas das hesitações da lembrança. O pensamento se atrapalha diante dos algarismos: mas, felizmente, há as palavras.

Uma observação ainda sobre o *laço* entre as três obras.

Um laço em primeiro lugar formal, entre o *mobile*, o *stabile* e o monumento em movimento, se inscrevendo na prolongação da escrita mallarmeana, no interior de um mesmo campo de pesquisas escriturais.

Um laço de significação, em seguida, entre a representação dialética do novo e do velho Mundo, jogo de questões e de respostas entre o passado e o presente.

Teríamos quase vontade de acrescentar que nos encontramos diante da tríade "Tese – Antítese – Síntese".

Falaríamos também da complementaridade "trópica" da *metáfora* (*Mobile*, metáfora de uma totalidade espacial, temporal e histórica), da *metonímia* (*San Marco*, fragmento do velho continente, fragmento de história, fragmento de espaço) e da *metonímia na metáfora*, ou sinédoque metafórica (*6 810 000 Litros de Água por Segundo*, parte dos Estados Unidos, parte da história, parte do presente, tecidas, imbricadas num volume). Os laços significativos são inesgotáveis.

Última nota:

Se tomarmos os três títulos em si, *no original*, tais três versos de um poema concreto

Mobile
Description de San Marco
6 810 000 litres d'eau par seconde (ou six millions huit cent dix mille litres d'eau par seconde),

poderemos constatar certos paralelismos. À precisão semântica (à taxa de informação) crescente que os caracteriza corresponde um alongamento do título (palavra → grupo de palavras → grupo de palavras + grupo de palavras). Por outro lado, um olhar para a substância fônica permite-nos constatar uma certa recorrência nas sonoridades vocálicas (O - I em Mo*bi*le; I - IO - O em Des*cription* de San Marc*o*; I - I - IO - I - I - I - I - O - O - em "s*i*x m*i*ll*i*ons hu*i*t cent d*i*x m*i*lle l*i*tres d'*eau* par sec*o*nde"). O acaso?

3. ANÁLISE DO IV SONETO DE MALLARMÉ (OU SONETO EM X)

O IV Soneto da série *Vários Sonetos*, publicada por Mallarmé entre 1883 e 1887, data em realidade, em sua primeira versão ("Soneto Alegórico de Si Próprio"), de 1868, tendo surgido somente em 1887, definitivo, após múltiplas correções: entre os dois, o laço mantido é constituído pelas palavras ou grupos de palavras na rima e unicamente nos Quartetos.

Eis o soneto em sua última versão:

Ses purs ongles très haut dédiant leur onyx,
L'Angoisse, ce minuit, soutient, lampadophore,
Maint rêve vespéral brûle par le Phényx
Que ne recueille pas de cinéraire amphore

Sur les crédences, au salon vide: nul ptyx,
Aboli bibelot d'inanité sonore,
(Car le Maître est allé puiser des pleurs au Styx
avec ce seul objet dont le Néant s'honore.)

Mais proche la croisée au nord vacante, un or
Agonise selon peut-être le décor
Des licornes ruant du feu contre une nixe,

> *Elle, défunte nue en le miroir, encor*
> *Que, dans l'oubli fermé par le cadre, se fixe*
> *De scintillations sitôt le septuor*[1].

Tentaremos, para cada nível analisado do texto, comparar os códigos *a priori* e a codificação pessoal efetuada por Mallarmé.

Ao abordarmos o texto a partir do nível prosódico, notamos que Mallarmé não utiliza, assim como Baudelaire, o soneto clássico francês, o qual se apresenta da maneira seguinte:

ABBA : ABBA / CDE : CDE para as rimas, portanto opostas.

Mallarmé utiliza no soneto rimas cruzadas para os Quartetos (ABAB : ABAB), um dístico (rimas consoantes CC), e um último Quarteto de rimas cruzadas (DCDC); a Sextilha assim constituída pode se ler igualmente como dois Tercetos cujo esquema seria distinto (CCD : CDC).

Uma das particularidades do IV Soneto, sabemo-lo, consiste numa inversão das rimas masculinas e femininas. Ao esquema M F dos dois primeiros Quartetos, respectivamente rimas em *yx* e *ore*, sucede o esquema M M (dístico) + F M (último Quarteto) com rimas em *or* e em *ixe*.

---

1. *Oeuvres Complètes*, Pléiade, p. 68. É evidente que a análise que propomos se efetua sobre o texto original, portanto em francês. A tradução recria o objeto poético em outra língua, como se verá no excelente trabalho de AUGUSTO DE CAMPOS, *Mallarmé*, São Paulo, Perspectiva, 1975. Ver tradução no final deste capítulo.

Uma primeira oposição se esboça aqui no nível prosódico, que distingue (*a*) Quartetos e (*b*) Tercetos.

Esta oposição global é reforçada por outros fatos prosódicos:

(*a*)	(*b*)
i - ausência de encadeamentos (1)	presença de encadeamentos ("un or/agonise"; "le décor/des licornes", "encor/que"; "se fixe/de scintillations"...) ausência de aliterações
ii - a presença de aliterações (I2: "l'Angoisse", "ce minuit", "soutient") (I3: "rêve vespéral") (I4: "Que ne recueille")	
iii - presença de quiasmas vocálicos (III: "Ses purs"/II$_2$: "Sur les")	quiasmas consonânticos (III$_{2/3}$: "le décor"/"des licornes")
iv - ausência de rimas internas	presença de rimas internas (III$_1$: "au nord"/"un or") (III$_{2/3}$: "le décor des licornes)
v - rimas perfeitas (II$_{2/4}$: "sonore"/"s'honore")	ausência de rimas perfeitas

Quanto às categorias das palavras que rimam em fim de verso, podemos acrescentar que as rimas masculinas em *yx* são constituídas por substantivos masculinos singulares para os Quartetos onde as rimas em *ore* são ou substantivos femininos singulares ou o verbo (*s'honore*), enquanto que as rimas em *or* dos Tercetos são substantivos masculinos singulares ou *encor*, ao lado do

81

feminino singular *nixe* ou da forma verbal *se fixe*.

Inútil dizer que com a escolha das rimas feita pelo autor, o número das agramaticais é quase equivalente para os Quartetos e os Tercetos.

O que acabamos de dizer para as rimas não pertence na realidade à prosódia propriamente dita: a inversão das rimas é somente percebida pela leitura, dependendo, por conseguinte, do código escrito ou gráfico. Do ponto de vista prosódico, mesmo se a convenção exige que o "e" das rimas femininas seja pronunciado na execução (leitura) do poema, pode-se constatar que todas as ocorrências da vogal se situam após a 12ª sílaba dos versos alexandrinos (dodecassílabos) e permanecem, conseqüentemente, inaudíveis à dicção.

Se aceitamos esta afirmação, de um código duplo (escrito e oral) no poema, aceitaremos igualmente que a análise tome em conta o que Benveniste chama de "o modo operatório" dos sistemas semiológicos, ou seja, a maneira pela qual eles agem em relação aos sentidos aos quais se destinam (aqui a visão e a audição).

Ainda nesta ótica, pode-se observar que os Quartetos possuem traços ausentes nos Tercetos: a inclusão (l - *am* - pado - *phore* / amphore), os parênteses.

Passemos ao nível fonológico. O exame (i) dos fonemas das rimas e do contexto deles permite-nos constatar um certo número de recorrências:

I) a consoante que precede a vogal se repete pelo menos duas vezes, exceto para /n/ que aparece seis vezes: /n//f/ — /t//n/ — /n//k/. Temos aqui, pois, uma alternância regular (Quarteto + Quarteto + Quarteto (Terceto + 1)) e os dois versos finais retomam as consoantes dos dois primeiros Quartetos: /fiks/ /tyor/.

II) as vogais da rima /i//o/ alternam-se regularmente: o poema começa com uma vogal aguda e termina com uma grave;

III) esta alternância aguda/grave é reforçada pela alternância igualmente regular das consoantes finais /ks//R/. A consoante /k/, compacta, é seguida pela consoante /s/ que é aguda e serve de "neutralizador" da compaticidade;

IV) obtém-se a distribuição seguinte:

	CONSOANTE	VOGAL	CONSOANTE	CONSOANTE
I_1 - /niks/	– grave	– grave	+ compacta	– grave
I_3 -	+ nasal	– nasal	– nasal	– nasal
III_3 -				
I_2 - /fOR/	+ grave	+ grave	+ líquida	–
I_4 -	– nasal	– nasal	– nasal	–
II_1 - /tiks/	– grave	– grave	+ compacta	– grave
II_3 -	– nasal	– nasal	– nasal	– nasal
II_2 - /nOR/	– grave	+ grave	+ líquida	–
II_4	+ nasal	– nasal	– nasal	–
III_1				
III_2 - /kOR/	+ compacta	+ grave	+ líquida	–
IV_1	– nasal	– nasal	– nasal	–
IV_2 - /fiks/	+ grave	– grave	+ compacta	– grave
	– nasal	– nasal	– nasal	– nasal
IV_3 - /tyOR/	– grave	– grave/ + grave	+ líquida	–
	– nasal	– nasal/– nasal	– nasal	–

Essa distribuição dá para os Quartetos (I e II) uma alternância bastante regular entre sonoridades agudas (/niks//tiks/) e graves (/fOR//nOR/) seja do ponto de vista das vogais seja do ponto de vista das consoantes, com uma ligeira predominância para as sonoridades agudas devido a repetição de /n/.

O "terceiro" Quarteto se orienta principalmente em direção do grave, com retomada das rimas em /n/ (/nOR//niks/) dos Quartetos precedentes e duas vezes a mesma rima (/kOR/). O último Dístico apresenta grupos bastante contrastados: /fiks/ (sucessão de sonoridades graves e agudas) e /tyOR/ (vogal grave em contexto sobretudo agudo).

ii - O segundo aspecto da análise fonológica compreende o exame da totalidade dos fonemas do poema do ponto de vista de sua distribuição em fonemas agudos e graves.

I) Temos uma quase totalidade de vogais agudas (anteriores e médias fechadas) para os dois primeiros Quartetos; uma maioria de vogais graves (posteriores fechadas e abertas / médias abertas) para o primeiro Terceto e predominância de vogais para o Terceto final.

II) As consoantes são igualmente agudas para os dois primeiros Quartetos (dentais surdas e sonoras), a distribuição acompanhando a das vogais. Para os Tercetos, lá onde havia vogais graves, temos consoantes agudas (I) e lá onde há vogais agudas, temos consoantes graves (II) (labiais, labiodentais e compactas) exceto para o último verso, onde há predominância de sonoridades agudas (consoantes e vogais). Em nossa opinião as vogais têm um papel considerável, preponderante em relação às consoantes, do ponto de vista da agudeza ou da gravidade do conjunto.

III) Nesse sentido, se examinarmos as vogais sob o acento métrico, notaremos que nos dois primeiros Quartetos, há um movimento que vai do Grave para o Agudo e do Agudo para Grave, isso do início ao fim do verso e assim por diante, até o final dos dois primeiros Quartetos. O primeiro Terceto apresenta essa mesma alternância com exceção do primeiro verso, onde há predominância de vogais graves sob o acento. O último Terceto apresenta, no verso 2, predominância do Agudo, mas predominância do Grave no último verso, que é o que fecha o poema.

Parece pois haver convergência de sonoridades agudas nos dois primeiros quartetos tanto do ponto de vista da rima quanto do da distribuição geral dos fonemas consonânticos e vocálicos. Evocaremos mais adiante a alternância Grave/Agudo das vogais sob o acento. O primeiro Terceto se caracteriza por uma predominância de sonoridades graves (com contrastes em relação ao contexto) enquanto o segundo e o último Tercetos apresenta um duplo aspecto: predominância de sonoridades graves sob o acento mas contraste no resto (consoante grave + vogal aguda).

As conclusões desta análise do nível fônico-prosódico são:

(1) um esquema distribucional bastante regular para os Quartetos com predominância das sonoridades agu-

das, atenuada no nível das rimas, portanto contraste *no nível do paradigma*;

(2) predominância das sonoridades vocálicas graves no tocante à distribuição dos fonemas e das rimas para os Tercetos com, no entanto, contrastes particulares:
(*a*) nonível sintagmático (C/V : C G + V A / C A + V G);
(*b*) no nível paradigmático, entre os dois Tercetos: o primeiro sendo essencialmente grave e o segundo, agudo, com exceção do último verso (C A + V A);
(*c*) dupla no nível das vogais acentuadas:
- com predominância da vogal grave para o primeiro Terceto (como em (*b*)) e da vogal aguda para o primeiro;
- com exceção, entretanto, do último verso onde todas as vogais acentuadas são graves.

Pode-se resumir o que acaba de ser dito no esquema:

	AGUDO	GRAVE	
QUARTETO I	+	−	vogais, consoantes =
QUARTETO II	+	−	contraste paradigmático
TERCETO I	−	+	contraste sintagmático
			contraste paradigmático
TERCETO II	+	−	
	−	+	último verso acentuado

Em relação ao soneto clássico, este soneto apresenta particularidades bastante notáveis. malgrado sua conformidade aparente às convenções do gênero (ou seja, os 14 versos, em alexandrinos, dispostos em Quartetos e Tercetos). É, aliás, esta conformidade geral que nos permite apreender melhor as diferenças: assim, se Mallarmé conserva a oposição geral dicotômica entre Quartetos e Tercetos, do ponto de vista fônico-prosódico, estes recobrem várias estruturas simultâneas habilmente hierarquizadas:

(1) *Oposição Quartetos / Tercetos*:
- forma da estrofe
- rimas (ABAB : ABAB / CCD : CDC)
- oposição geral das sonoridades (Agudas e Graves)
- vogais acentuadas (sob o acento)
- presença de contraste sintagmático nos Tercetos;

(2) *Oposição Quartetos / Dístico / Quarteto*:
- rimas (ABAB : / CC / DCDC)
- predominância da vogal grave sob o acento no Dístico;

(2 *bis*) *Oposição Quartetos / Quarteto / Dístico*:
- consoante diante da vogal na rima *(n:f/ t:n/ n:k//f:t)*
   QI/ II   III   D;

(3) *Oposição Quartetos / Terceto I / Terceto II*:
- predominância das vogais graves no Terceto I
                        contraste sintagmático invertido
- predominância das vogais agudas no Terceto II
- vogais graves sob o acento no v.l. Terceto I
                        v. 3 Terceto II
                              contraste paradigmático
- vogais agudas sob o acento no v. 2 Terceto II

(3 *bis*) *Oposição Septena/Septena* (que resulta de um reajustamento da precedente no que diz respeito à configuração vocálica do conjunto):
- Septena I: vogais agudas
  Septena II: Terceto + Quarteto (graves/agudas).

A análise do nível sintáxico nos permitirá verificar a pertinência das configurações extraídas no nível fônico-prosódico. Segundo nossa hipótese as únicas ocorrências pertinentes são as que se encontram supradeterminadas pelas estruturas morfossintáxicas e semânticas, esta supradeterminação constituindo a característica principal da supercodificação literária.

Logo de início constatamos no texto a presença de duas frases complexas (P_1 e P_2). Contrariamente ao soneto clássico que possui uma frase por estrofe (Exposição / Negação ou Alteração / Crise / Desenlace), a estrutura sintáxica do soneto mallarmeano recobre o corte efetuado no nível fônico-prosódico:

Quartetos I e II : P_1
Tercetos I e II : P_2

As duas frases possuem um núcleo equivalente, com a diferença de que o tipo de verbo (transitivo / intransitivo) determinará a presença em cada uma delas de complementos de tipo diferente:

F_1: *l'Angoisse   soutient   maint rêve vesperal*

F_2: *un or   agonise   ...*

O paralelismo das duas frases é sublinhado de maneira indireta pela posição de *Angoisse* e d'*Agonise* no início do verso (v. 2 dos Quartetos e v. 2 dos Tercetos), que funciona no plano gráfico como anagramas (ambos começam igualmente com maiúsculas). No plano sintáxico temos duas frases de mesmo estatuto.

Esta divisão do texto em duas frases recobre outras divisões cujo paralelismo é igualmente marcado de modo defasado. Assim, temos duas frases elípticas, das quais uma se encontra nos Quartetos e outra nos Tercetos:

nul Ptyx, / aboli bibelot d' inanité sonore (Q II)
elle, / défunte nue en le miroir (T II)

com o sujeito (ou o grupo sujeito), entretanto, quer em fim de verso (Q II), quer no início (T II).

Um segundo paralelismo pode ser isolado no nível das participiais:

dédiant leur onyx (v.1, Q I)
ruant du feu contre une nixe (v.3, T I).

Essas duas formas são acentuadas pela diérese, no nível prosódico, mas o duplo aspecto do verbo *ruer* não nos permite escolher a estrutura profunda do sintagma mallarmeano:

(a) les licornes ruent (intransitivo) *du feu* (advérbio de lugar) *contre une nixe* (lugar)/

(b) les licornes ruent (transitivo direto) *du feu* (objeto direto) *contre une nixe* (objeto indireto).

Se escolhermos a primeira interpretação, poderemos estabelecer a relação:

soutient - dédiant (transitivo direto)
agonise - ruant (intransitivo).

Se escolhermos a segunda, poderemos pôr em relação o fato de que se trata de duas formas de particípio.

O que é importante observar, entretanto, é o caráter voluntariamente ambíguo da escolha de Mallarmé, que corrobora a análise da defasagem freqüente entre as posições prosódicas e as estruturas sintáxicas.

Essas duas proposições participiais, no plano sintáxico, são subordinadas a complementos circunstanciais de modo, que determinam os sujeitos das F_1 e F_2.

Inversamente, a conjunção *Que*, no início do verso (v.4, Q I e v.2, T II) e apesar das aparências, sublinha uma oposição no estatuto das subordinadas. Com efeito, a primeira ocorrência de *Que* corresponde na relativa subordinada ao objeto direto do verbo principal. A segunda, à conjunção concessiva truncada (*encor/Que*) que constitui um encadeamento (1) (v.1 e 2, T II). Essa defasagem é, por outro lado, sublinhada pela rima: enquanto para os paralelismos sublinhados acima, a estrutura fônica sustinha os fatos sintáxicos, aqui temos uma oposição. Para os casos de similitude que podemos observar em:

"dédiant leur *onyx*": "ruant du feu contre une *nixe*"
"nul Ptyx, aboli bibelot d'inanité son*ore*": "Elle, défunte nue en le miroir, enc*or*",

temos um caso de dissimilitude (ou de contraste) em:

"Que ne recueille pas de cinéraire amph*ore*": "Que, dans l'oubli formé par le cadre, se *fixe*".

Da mesma forma, a identidade de posição dos verbos *s'honore* e *se fixe* no final do verso (v.4, Q II e v.2, T II), ambos na forma pronominal e contendo cada um deles uma das rimas do poema, não sublinha a identidade sintáxica das proposições às quais se ligam. Com efeito, *s'honore* é o verbo da coordenada ("Car"...) que se encontra nos v.3 e 4 do Q II, enquanto *se fixe* é o verbo da subordinada ("encor / Que") que se encontra nos v. 2 e 3 do Q II.

Se quisermos, como sugere Ruwet, representar arbitrariamente as circunstanciais de maneira por *a*, as participiais por *a'*, o grupo sujeito-verbo por *b*, as subordinadas (relativas e concessivas) por *c*, as circunstanciais de lugar por *d*, as elípticas por *e*, as circunstanciais de tempo por *f*, obteremos para as duas frases:

$F_1: (a \leftarrow a') \rightarrow (b \leftarrow (c \leftarrow (d.d. \leftarrow (e))))$
$F_2: (d) \quad\quad \rightarrow (b \leftarrow (a \leftarrow a') \leftarrow (e \leftarrow (c \leftarrow f/d.f)))$.

A flecha indica a relação do subordinado ao subordinante, o ponto, a coordenação[2].

O esquema permite ver que as duas partes isoladas se opõem quanto aos circunstanciais: de lugar nos Quartetos, de tempo nos Tercetos. Veremos mais adiante que estes últimos têm um estatuto bastante ambíguo, podendo se comportar simultaneamente como circunstanciais de tempo e de lugar.

Podemos tentar aqui articular o esquema sintáxico e a estrutura fônico-prosódica do poema. Em primeiro lugar, a configuração geral que divide o soneto em Quartetos / Tercetos é mantida no esquema sintáxico (F_1 e F_2). Este fato é reforçado pela inversão gráfica das rimas: nos Quartetos, as rimas em /iks/ são masculinas e as rimas em /OR/ femininas: nos Tercetos, temos o de-

---

2. Cf. "Limites de l'analyse linguistique en poétique", in *L.M.P.*

senho inverso. Entretanto, e é nossa segunda observação, ao invés de colocar uma equivalência de similitude entre as duas partes, na qual a segunda seria uma expansão da primeira, parece-nos mais interessante constatar que nos deparamos aqui com uma *equivalência de dissimilitude*. A segunda parte, é no caso, o contrário da primeira e este fato é tanto mais notável que ele é posto em evidência pelas equivalências de similitude existentes entre as duas partes.

Nas equivalências que estabelecemos, pusemos em relação os versos 1 e 11 (*dédiant : ruant*); 1 e 10 (*ses purs ongles : selon peut-être le décoro*); os grupos sujeito, nos versos 2, 3, 9 e 10; as elipses, v.5, 6 e 12 (*nul Ptyx : Elle*). Mostramos igualmente como a identidade formal camuflava uma distinção sintáxica: versos 4 e 13 (*Que*: (encor) *Que*); versos 8 e 13 (*s'honore : se fixe*). Deixamos de lado os versos 7 e 8 que formam o único parêntese do texto: trata-se de uma proposição coordenada por *Car*, com um sujeito independente *Maître* e um verbo na forma perfectiva seguido de um infinitivo, *est allé puiser* (por outro lado, todos os verbos do texto estão no presente do indicativo). Esses dois versos terminam a primeira parte do ponto de vista sintáxico e semântico, constituindo ao mesmo tempo um "dístico" à parte.

Pode-se observar uma vez mais que o esquema prosódico, que mostrava a presença de um dístico nos versos 9 e 10 se encontra de certo modo contrariado, defasado em relação aos versos parentéticos 7 e 8.

A idéia da oposição entre as duas partes do poema é reforçada, aliás, pela presença da conjunção que se encontra no início do primeiro Terceto: *Mais*. A conjunção introduz aqui uma proposição sem verbo explícito (*proche la croisée au nord vacante*), cujo sentido é bastante ambíguo, *proche* podendo indicar proximidade temporal ou espacial. Esta conjunção no início do Terceto funciona como eixo da intervenção cuja presença foi assinalada acima, pois ela introduz a contradição.

Essa contradição se encontra igualmente sobre o plano semântico. Colocamos a existência de dois núcleos sintáxicos equivalentes: *l'Angoisse soutient maint rêve vespéral / un or agonise*. Ora, do ponto de vista semântico, temos para o primeiro um sujeito afetado pela marca negativa exercendo uma ação positiva (*l'Angoisse* (−) *soutient maint rêve vespéral* (+)). Para o segundo, é o sujeito que é positivo (*un or*), enquanto o verbo é afetado por uma marca negativa (*agonise*).

A contradição é particularmente ilustrada ainda pela oposição das circunstanciais de lugar e de tempo: nos Quartetos, o lugar é marcado por intermédio de preposições (v.5 "*sur* les crédences", "*au* salon vide"; v.7 "*au* Styx") enquanto nos Tercetos, as preposições têm um sentido mais vago (v.11 "*en* le miroir") ou um sentido preciso que designa um lugar impreciso (v. 13 "*dans* l'oubli formé par le cadre"). Paradoxalmente, são os Quartetos que desenvolvem a temporalidade, ausente dos Tercetos, apesar da presença do advérbio *sitôt* v.14. A temporalidade dos Quartetos é revertida: à linearidade da leitura corresponde à sucessão de fatos já efetuados, o que provoca o recuo do ponto de partida da causalidade temporal ao término da leitura.

Assim, "ce MINUIT, l'Angoisse SOUTIENT maint rêve VESPÉRAL (portanto anterior) brûlé par le PHE-

NIX (anterioridade)... nul Ptyx, ABOLI bibelot ... Car le Maître EST ALLÉ puiser ... avec CE seul objet". Encontramos a explicação dessa negação temporal nos parênteses: a ausência do Mestre. Ao mesmo tempo, ele levou consigo esse objeto inexistente (*le Ptyx*), que é o único a poder preencher esse espaço (conteúdo) e que se deixa preencher pelas cinzas (continente: dos sonhos, do Fênix). Temporalidade revertida e presença da negação (pela forma negativa do verbo: "*ne* recueille *pas*", v.4; pelos adjetivos: *vide* e *nul*, v.5; pelo particípio *aboli*, v.6; o substantivo: *inanité*, v.6; pelo sujeito *Néant*, v.8 da subordinada por *dont*). Pode-se notar igualmente, com o risco de extrapolar, que todo o vocabulário é impregnado de "grecidade" e de mitologia, de modo que os sujeitos dos verbos são na maior parte inanimados tornados animados e inversamente animados tornados inanimados ("ongles" que "dédient", "l'Angoisse soutient", "que ne recueille pas de cinéraire amphore", "le Maître est allé"..., "le Néant s'honore"). A grecidade aparece em *onyx, lampadophore, Phénix, Ptyx, Styx*.

A causalidade temporal é ausente nos Tercetos. Já assinalamos o caráter ambíguo do termo *proche*, v.9. Mais ambíguo ainda é o estatuto do circunstancial *dans l'oubli fermé par le cadre* (*oubli* fazendo referência ao tempo mas colocado como um lugar). *Sitôt* indica bem um tempo, mas que permanece indefinido e não pode corresponder senão ao tempo da leitura-escrita. A ambigüidade dos Tercetos se encontra em todos os níveis da análise: no nível prosódico, é aqui que encontramos a maior parte dos encadeamentos, originando uma dupla leitura (prosódica e sintáxica): *un or/ Agonise; le décor/ Des licornes;*

encor / Que. No nível sintáxico, temos um circunstancial de dúvida *peut-être*, v. 10 que anuncia a forte polissemia do último Terceto, que pode ter múltiplas interpretações:

(I) "Elle, défunte nue en le miroir": *Elle*, "la nixe" ou "l'Angoisse"?
défunte, adjetivo ou substantivo?
nue, adjetivo ou substantivo?

(II) "Elle se fixe de scintillations sitôt le septuor" (venu)
Elle = "défunte nue (ou "nue défunte") en le miroir encor que dans l'oubli formé par le cadre";

(III) "Elle, défunte nue en le miroir,
encor que le septuor de scintillations sitôt se fixe";

(III') "encor que le septuor se fixe sitôt de scintillations"[3].

O primeiro caso (I) parece-nos indecidável, e podemos pensar que Mallarmé o quis assim. Quanto a (II), (III) e (III'), a pontuação permite-nos afastar (II). Entre (III) e (III'), optamos pela primeira interpretação.

Aceitar esta opção implica igualmente que consideramos os Tercetos como subdivididos em duas partes:

---

3. Aqui cabe traduzir para que se desfaça a ambigüidade decorrente da homofonia/homografia:
 (I) Ela, defunta nua
  Ela, nuvem defunta
 (II) Ela se fixa (é fixada) por cintilações assim que (chega) o septuor
 (III) ... ainda que o septuor de cintilações logo se fixe
 (III') ... ainda que o septuor se fixe imediatamente em cintilações.

(a) v.9 ao v.12 (*miroir*) e (b) v.12 a 14. A primeira dessas duas partes equivale assim a uma Transição e a segunda à Reinversão propriamente dita.

Teríamos, deste modo, em oposição à Temporalidade revertida e à afirmação da Negação (Quartetos I e II), uma transição significando Espera (Terceto I) *e* (e não seguida de) Reinversão *simultânea* da Negação que seria contemporânea da leitura (as "imagens" não desfilam, não se sucedem, antes *se acumulam*, de onde a idéia de simultaneidade). A Dúvida permite colocar uma Presença, presença de um "septuor" de cintilações (a Ursa Maior?) no sentido próprio; constelação, estrelas, poema, no sentido figurado.

Insistamos uma vez mais sobre o fato de que se podemos extrair oposições, é porque colocamos de antemão as equivalências. Assim, no nível dos tropos e das figuras, temos metonímias para os Quartetos, metáforas para os Tercetos: com efeito, nos primeiros, o ônix das unhas da Angústia constitui uma cadeia metonímica; igualmente o deslocamento: sonho queimado pelo Fênix (na mitologia é o Fênix que é queimado), que não recolhe de ânfora cinerária (as cinzas são primitivamente o lugar de onde renasce o Fênix). Nos Tercetos, temos a sucessão paradigmática: cruzada – espelho – quadro. Ora, no interior das equivalências sintáxicas, entre Quartetos e Tercetos, temos equivalências semânticas:

"dédiant leur *onyx*"/"ruant du *feu*".,
"*nul* ptyx."/"elle, *défunte*".

Uma observação se impõe no que concerne ao grau de presença ou ausência do sujeito da enunciação. Se nossa interpretação do poema é aceitável, ou seja, a de um poema "alegórico de si mesmo", como o havia intitulado Mallarmé à ocasião da primeira versão, a conseqüência natural do fato é que o sujeito da enunciação deve mostrar-se no seu desvanecer. É bem o caso aqui onde temos para os Quartetos três referências "àquele que escreve": dois deíticos *ce* ("*ce* minuit, *ce* seul objet") e, de maneira metafórica o "Maître", presente em sua ausência. O estatuto do pronome (artigo) demonstrativo *ce* é conhecido desde Benveniste: serve para manifestar a presença de um sujeito da enunciação; nos exemplos citados, entretanto, as duas ocorrências do pronome são atenuadas em seu valor enunciativo: nos dois casos, podem se referir *ao que acaba de ser dito antes*. Com efeito, se *ce minuit* indica o tempo, a hora, o locutor manifesta sua presença, mas pode indicar também a Angústia, estar em aposição à Angústia. A mesma coisa se verifica para *ce seul objet*, que não é outro senão o *ptyx*, produto poético já escrito.

Seja como for, os Tercetos se caracterizam nitidamente pela ausência do sujeito (exceto eventualmente em *peut-être*) para deixar o lugar ao próprio poema.

Para concluirmos, seria interessante fazermos algumas observações a propósito do título (ou de sua ausência) do poema. O título da primeira versão "Sonnet allégorique de lui-même" foi, com efeito substituído pela sua "ausência" (talvez porque desse demasiada "informação" sobre o texto para o gosto de Mallarmé?). Nem por isso a crítica deixou de consagrar o poema sob o nome de "Sonnet en X".

Foi, aliás, sob este título, anônima e unicamente atribuído ao soneto que encaramos sua análise. Tentaremos mostrar como ele convém perfeitamente ao poema.

Se tentarmos, com efeito, articular as configurações salientadas pela análise que efetuamos do poema, não poderemos permanecer indiferentes à forma quiasmática resultante. Assim, ao tomarmos os parênteses (v.7 e 8) como intersecção dos dois eixos do ponto de vista sintáxico — interseção que será defasada, como vimos mais acima, sobre o plano fônico-prosódico (v. 9 e 10), temos um cruzamento das configurações fônico-prosódica e semântica: à oposição *Quartetos: Agudo/Tercetos: Grave*, corresponde, no plano do sentido, a oposição *Quartetos: Ausência de Luz/ Tercetos: Presença de Luz*.

Esta configuração quiasmática, em X, encontramo-la não somente no plano paradigmático geral, mas no plano sintagmático (o que chamamos de contraste sintagmático), para cada verso.

O desenho em quiasma é reproduzido, por conseguinte, em todos os níveis de análise do texto: no nível fonológico, temos vogais agudas para consoantes graves e inversamente, contraste igualmente posto em relevo pelos grupos prosódicos finais (em */iks/*)[4]; no nível sintáxico, a organização das duas frases complexas, embora profundamente idêntica, revela porém cruzamentos na superfície (cf. nosso esquema sintáxico).

Isto não contradiz nossa hipótese de uma supercodificação poética; pelo contrário, é bem graças à homolo-

---

4. Em português, a equivalência permanece no nível gráfico.

gia entre os diversos planos da análise que a configuração geral do poema se deixa apreender. Podemos esquematizar essa homologia da seguinte maneira:

NÍVEL FÔNICO-PROSÓDICO	: ABAB ABAB grave	CC DCDC agudo	
NÍVEL SINTÁXICO	: ABAB ABAB P_1	CCD CDC P_2	
NÍVEL SEMÂNTICO	: ABAB ABAB (Exposição) Negação/Causa Ausência de Vida de Luz	CCDC (Transição) Dúvida Introdução	DC (Reinversão) Presença
	("salon vide"/ "nul ptyx") Temporalidade Rimas em "x": grecidade Mitologia	("or"/"peut-être") Lugar/Tempo germanicidade	("septuor") lugar fixo Rimas em "or": A constelação

O texto se caracteriza essencialmente pelo que Jakobson chamaria de estrutura dicotômica defasada. O termo de dialética seria aliás preferível a defasada.

Foi sem dúvida a raridade das rimas em "X" que levou a crítica a intitular o texto "Sonnet en X" (raridade quantitativa precedendo a raridade qualitativa). É óbvio que, na realidade, as rimas em *or* são estatisticamente mais numerosas no poema: às ocorrências finais, em número de oito (para seis em "X"), acrescentar-se-á as duas rimas internas (n*or*d, lic*or*nes). Por outro lado, se "X" é a forma do quiasma, ou a configuração geral do poema, podendo indicar a "incógnita" em lógica ou em matemática, *or* é uma palavra francesa e além do mais, uma palavra sobrecarregada semanticamente[5]. *Or* indica a matéria, a cor, o metal e em todas as suas acepções, é fortemente utilizado no texto literário. *Or* é também advérbio de tempo (ora), no sentido de "agora" (que seria então a resposta aos deíticos assinalados nos Quartetos); ele introduz igualmente, enquanto conjunção, a contradição de uma tese. De onde a importância que adquire no poema, situado na charneira do texto, e que sublinha sua posição em final de verso. O soneto em "X" é na realidade também um soneto em *or*...

É aliás com *or* que o poema se termina, no significante *septuor*. Ao pé da letra, esse significante contém já seu próprio reflexo (sete vezes a rima em *or*, sete versos que se refletem, conjunto de sete instrumentos, septuor de cintilações onde vemos a Ursa Maior). Se o poema é destinado ao ouvido, é igualmente a última palavra da estória.

Para o olhar, ocupa a posição final do verso, e do texto, embaixo, contrariamente à sua posição no espaço. Se nos permitem ainda extrapolar, para o olhar também é no primeiro verso que encontramo-lo *très haut* (no alto do poema) associado à Angústia, colocado em princípio de verso. Reinversão total que diz sua dialética, cruzamento do tempo e do espaço, leitura e escrita em contratempo.

---

5. DERRIDA, "La double séance".

SONETO EM X

	níveis		
	fônico-prosódico	sintáxico	semântico
ABAB	GRAVE	P₁	EXPOSIÇÃO
AB			
AB		parênteses	
CC	Dístico		TRANSIÇÃO
D	AGUDO	S₂	
C			
DC			REINVERSÃO

SONETO EM OR

Tradução de Augusto de Campos:

Puras unhas no alto ar dedicando seus ônix,
A Angústia, sol nadir, sustém, lampadifária,
Tais sonhos vesperais queimados pela Fênix
Que não recolhe, ao fim, de ânfora cinerária

Sobre aras, no salão vazio: nenhum ptyx,
Falido bibelô de inanição sonora
(Que o Mestre foi haurir outros prantos no Styx
Com esse único ser de que o Nada se honora).

Mas junto à gelosia, ao norte vaga, um ouro
Agoniza talvez segundo o adorno, faísca
De licornes, coices de fogo ante o tesouro,

Ela, defunta nua num espelho embora,
Que no olvido cabal do retângulo fixa
De outras cintilações o septuor sem demora[6].

---

6. AUGUSTO DE CAMPOS, DÉCIO PIGNATARI, HAROLDO DE CAMPOS, *Mallarmé*, 2. ed., São Paulo, Perspectiva, 1980, Signos 1.

4. ESCRITA LÚDICA: ANÁLISE SEMIOLÓGICA DE "PLUIÉ"

> *... onde escolho como assuntos não sentimentos ou aventuras humanas mas objetos os mais indiferentes possíveis ... onde me parece (instintivamente) que a garantia da necessidade de expressão se encontra no mutismo habitual do objeto.*
> *... Ao mesmo tempo garantia da necessidade de expressão e garantia de oposição à língua, às expressões comuns.*
> *Evidência muda oponente.*
>
> FRANCIS PONGE, *L'Oeillet*, mermod, 46.

O texto:

PLUIE

(1)   La pluie, dans la cour où je la regarde tomber, descend
(2) à des allures très diverses. Au centre c'est un fin rideau
(ou réseau) discontinu, une chute implacable mais relativement lente de gouttes probablement assez légères, une précipitation sempiter nelle sans viguer, une fraction intense
(3) du météore pur. A peu de distance des murs de droite et de
gauche tombent avec plus de bruit des gouttes plus lourdes,
(4) individuées. Ici elles semblent de la grosseur d'un grain
(5) de blé, là d'un pois, ailleurs presque d'une bille. Sur des
tringles, sur les accoudoirs de la fenêtre la pluie court
horizontalement tandis que sur la face inférieure des mêmes
(6) obstacles elle se suspend en berlingots convexes. Selon la
surface entière d'un petit toit de zinc que le regard surplombe elle ruisselle en nappe très mince, moirée à cause
de courants très variés par les imperceptibles ondulations
(7) et bosses de la couverture. De la gouttière attenante où
elle coule avec la contention d'un ruisseau creux sans grande pente, elle choit tout à coup en un filet parfaitement
vertical, assez grossièrement tressé, jusqu'au sol où elle
se brise et rejaillit en aiguillettes brillantes.

(8)   Chacune de ses formes a une allure particulière; il
(9) y répond un bruit particulier. Le tout vit avec intensité
comme un mécanisme compliqué, aussi précis que hasardeux,
comme une horlogerie dont le ressort est la pesanteur d'une
masse donnée de vapeur en précipitation.

(10)   La sonnerie au sol des filets verticaux, le glou-glou
des gouttières, les minuscules coups de gong se multiplient
et résonnent à la fois en un concert sans monotonie, non
sans délicatesse.

(11)   *Lorsque le ressort s'est détendu, certains rouages quelque temps continuent à fonctionner, de plus en plus ralen-*
(12)   *tis, puis toute la machinerie s'arrête. Alors si le soleil reparaît tout s'efface bien tôt, le brillant appareil s'évapore: il a plu.*

in *Parti pris des choses*, 1942.

A análise que propomos de "Pluie", primeiro texto do *Parti pris des choses* (1942) tem a intenção de superar a descrição das estruturas puramente lingüísticas que podem dele ser extraídas. Inscrevendo-se numa perspectiva semiológica, ela tentará articular: (*a*) os códigos preexistentes ao texto (língua, regras de "gênero", convenções tipográficas) e (*b*) a *codificação* efetuada por Francis Ponge, entendendo-se que somente esta articulação permitirá constituir o texto como objeto semiótico.

Nossa análise permanecerá (provisoriamente) incompleta na medida em que se limitará apenas a *evocar* os elementos apreendidos no texto referentes à sua Significação no interior da (ou das) série(*s*) à qual pertence, em outros termos, seu modo de significância semântica intertextual.

4.1. OS NÍVEIS / OS CONSTITUINTES

O critério tipográfico nos dá para o texto quatro parágrafos de comprimento desigual: um primeiro bastante compacto, constituído de sete frases, e três outros relativamente curtos (2; 1 e 2 frases respectivamente). Contrariamente ao que ocorre para os demais textos do *Parti pris*, ele não nos permite aqui apreender as partes constitutivas do texto de maneira inteiramente satisfatória (porque demasiadamente fragmentada e desigual), o que nos leva a escolher o nível sintáxico como ponto de partida de nossa análise.

Visto que todas as frases do primeiro parágrafo são introduzidas por um circunstancial de lugar, poderemos de antemão opor este parágrafo aos demais. Por outro lado, observamos que o último parágrafo comporta uma grande quantidade de circunstanciais de tempo assim como formas verbais perfectivas, o que consideraremos como marcas distintivas e indiciais de uma segunda oposição.

Isso nos dá a possibilidade, por conseguinte, de distinguir três partes no texto (cuja autonomia e especificidade são relativas, entende-se):

1º parte = 1§: "La pluie ... brillantes".
2º parte = 2§ + 3§: "Chacune ... non sans délicatesse".
3º parte = 4§: "Lorsque le ressort ... il a plu".

A terceira parte se apresenta — como para a maioria dos textos do *Parte pris des choses* — breve, conclusiva e, veremos mais adiante, funcionando como um *da capo*.

Se fizermos corresponder a cada constituinte sintagmático uma letra, A: os circunstanciais de lugar; B: o núcleo (sujeito + determinante + verbo + complemento); C: as proposições relativas; D: as subordinadas temporais; E: os comparativos, teremos, para a primeira parte: $A + B + C$; para a segunda: $B + C + E$; para a terceira: $B + D$.

A	B	C D E
Primeira Parte		
1) *dans la cour*	*la pluie descend*	*où je la regarde*
2) *au centre*	*c'est un fin rideau*	
3) *à peu de distance*	*tombent des gouttes*	
4) *ici/là/ailleurs*	*elles semblent*	
5) *sur des tringles/ sur les accoudoirs sur la face intéri-eure*	*la pluie court elle se suspend*	*(tandis que)*
6) *selon la surface*	*elle ruisselle*	*que le regard surplombe*
7) *de la gouttière jusqu'au sol*	*elle choit*	*où elle coule où elle se brise et rejaillit*
Segunda Parte:		
8)	*chacune de ses formes a une allure/il y répond un bruit*	
9)	*le tout vit avec intensité*	*comme un mé- canisme/aus- si précis que/ comme une hor- logerie dont le ressort est*
10) *(au sol)*	*la sonnerie, le glou-glou, ... se multiplient et résonnent*	
Terceira Parte:		
11)	*certains rouages continuent à fonctionner*	*lorsque le ressort/puis toute la machinerie alors (si le soleil) bientôt*
12)	*tout s'efface le brillant appareil s'évapore*	
13)	*il a plu*	

Podemos representar as relações entre os diferentes constituintes isolados por meio de flechas indo do subordinado ao subordinante e por meio de um ponto, para indicar a coordenação (Ruwet). Teremos o esquema sintáxico seguinte:

1) A ← (C → (B))
2) A → (B.B.B.B.)
3) A → (B)
4) A → (B). (A → B) . (A → B)
5) A.A →   B ← (D ← (A → B)))
6) A ← (C → (B))
7) A ← (C → (B → (A ← (C . C))))

8) B . B
9) B ← (E. E. E ← (C))
10) B . B

11) D → (B ← D.D) . D → (B)
12) D . D → (B ← D) . B
13) B

Essa tripla oposição sintáxica geral recobre oposições secundárias. Assim, a primeira e a segunda partes possuem proposições relativas (C), mas às quatro relativas da primeira parte (das quais três são introduzidas por *ou* e uma por *que*), a segunda parte opõe uma relativa introduzida por *dont*. Pode-se constatar paralelismo neste nível: *où je la regarde: que le regard surplombe* (similitude semântica x dissimilitude morfo-sintáxica): : *où elle coule: où elle se brise et rejaillit* (similitude semântica e formal). A terceira parte não oferece construções desse tipo.

Por outro lado, a primeira e a segunda partes contêm proposições coordenadas por *et* nas duas proposições terminais: *se brise et rejaillit: se multiplient et résonnent*. Nos dois casos, a conjunção une verbos cuja primeira forma é pronominal e a segunda, intransitiva (começando nos dois casos pelo fonema /r/ + /E/).

Poderemos observar igualmente que a primeira e a terceira partes têm em comum proposições subordinadas temporais (*D*) que diferem entretanto – e veremos a importância que assume esse fato mais adiante – em número e quanto ao sentido: (*tandis que* x *lorsque*). Ao notar igualmente que na terceira parte, os circunstanciais temporais são bastante numerosos: *quelque temps, de plus en plus, puis, alors, bientôt*, o que vem reforçar a temporalidade dos conjuntivos e dos verbos (*continuent à, s'est détenu, s'arrête, reparaît, s'efface, s'évapore, il a plu*). Pode-se acrescentar que para a conjunção de simultaneidade *tandis que* da primeira parte, a segunda oferece um circunstancial equivalente: *à la fois*. A simultaneidade desaparece completamente na última parte.

Assim, se as partes exteriores do texto se opõem à parte central pela presença / ausência de circunstanciais de lugar e de tempo (respectivamente), essas poucas observações permitem, entretanto, considerar a última como tendo um funcionamento "à parte", particular, e como o veremos mais adiante, próprio a todos os textos do *Parti pris*. A oposição entre as duas primeiras partes é, nesse sentido, bem mais tênue e se manifesta, no plano sintáxico, em geral por meio de uma diferença de grau.

Essas duas partes oferecem, por exemplo, uma grande quantidade de determinantes (adjetivais e adver-

biais). Com esta diferença, que a presença de sintagmas circunstanciais (ditos de modo) é maciça na primeira parte e se atenua na segunda:
1) *a des allures très diverses*
2) *relativement lente / probablement asses légères / sans vigeur*
3) *avec plus de bruit*
4) *presque*
5) *horizontalement / en berlingots convexes*
6) *en nappe très mince / à cause de courants très variés par les imperceptibles ondulations*
7) *avec la contention / sans grande pente / en un filet parfaitement vertical / assez grossièrement tressé / en aiguillettes brillantes*
8) –
9) *avec intensité / comme un mécanisme compliqué / aussi précis que hasardeux / comme une horlogerie / en précipitation*
10) *en un concert / sans monotonie / non sans délicatesse.*

Essas construções adverbiais oferecem em sua maioria o esquema: preposição + substantivo (+ determinante). A notar que os advérbios em -*ment* (primeira parte) e os comparativos (segunda parte) se apresentam em distribuição complementar.

4.2. OBJETO LINGÜÍSTICO / OBJETO POÉTICO: INTERAÇÃO

Até aqui efetuamos do texto uma análise essencialmente *lingüística*, sem levarnos em conta a apresentação formal nem a forma, no sentido literário do termo.

Como todos os textos *Parte pris des choses*, "Pluie" se apresenta como um pequeno texto em prosa. O fato de que Ponge tenha sido classificado entre os "poetas do século XX" se explica sem dúvida pela ausência de causalidade de seus textos, estes últimos sendo tidos por "descritivos".

Ora, como se sabe, a descrição não é um gênero propriamente dito (como o romance, a novela etc.), mas antes uma forma (literária) ou uma componente formal que se integra mais ou menos em todos os gêneros (prosaicos e poéticos). Poder-se-ia caracterizá-la empiricamente por algumas de suas particularidades obrigatórias notórias:

— sua referência à "realidade" ("numa obra literária, passagem que evoca uma realidade concreta"[1], ou mais precisamente tudo que não é nem diálogo, nem fábula;

— seu caráter estático e atemporal (posto que a causalidade é inexistente)[2];

— seu caráter freqüentemente "impessoal", ou seja, "objetivo".

Dessas três características, somente a segunda se apóia em realidades materiais (marcas lingüísticas). As-

---

1. Segundo o dicionário *Robert*. Ou ainda: "representação ou pintura de uma *coisa* pela palavra falada ou *escrita*", *Pequeno Dicionário Brasileiro da Língua Portuguesa*, AURÉLIO BUARQUE DE HOLLANDA FERREIRA.

2. "Se nenhuma unidade do tempo da estória não corresponde a tal unidade do tempo da escrita, falar-se-á de digressão ou suspensão do tempo. A digressão pode apresentar o caráter de uma descrição (de lugar, de

sim, a descrição se apresenta como um quadro (ou um retrato), de onde se exclui toda idéia de *processo*: o tempo verbal é o presente do indicativo e pode-se contar um grande número de relativas, de participiais, assim como de determinantes adjetivais e adverbiais. A descrição tendo como finalidade o "dar para ver" ("criar imagens freqüentemente visuais"), atribuem-lhe em geral o epíteto de "objetivo", o que parece confirmar o fato de que ela não tenha um alocutor aparente e se caracterize pela abundância da 3ª (não-) pessoa.

A etapa seguinte de nossa análise tem como objetivo mostrar que "Pluie", mesmo sendo um texto prosopoético, não pode ser considerado como uma "pura" descrição. Queremos mostrar, pelo contrário, que Ponge joga com uma forma, e que se submete aos usos só até um certo ponto, para melhor rompê-los e transformá-los no Texto. Quem diz Texto diz Escrita.

Sobre essa questão, explicaremos mais adiante o interesse do corte que isola no plano sintáxico três partes constitutivas do texto. Antes de passarmos ao nível fonemático onde mostraremos de que maneira as estruturas fônicas e prosódicas reforçam, sublinham (ou são postas em relevo por) as estruturas sintáxicas, ilustrando assim o fenômeno de supercodificação poética, queremos atrair a atenção sobre a organização particularmente complexa da primeira parte do texto, ou seja, a que preenche em aparência as condições do texto "descritivo".

pessoa etc.), de uma reflexão filosófica etc." TODOROV, *Dictionnaire encyclopédique des sciences du langage*, p. 403.

Com efeito, apesar da homogeneidade aparente da estrutura das frases, que podemos representar pela fórmula: Circunstancial de lugar + Sintagma nominal + Sintagma verbal, podemos distinguir um certo número de oposições sintáxicas que formarão a base da estruturação do conjunto, no nível da significação do texto. Assim, pode-se observar a presença de três equivalências principais:

(I) 1) A ← (C → (B)): *la pluie, dans la cour* où je la regarde tomber, *descend...*
    6) A ← (C → (B)): *selon la surface d'un petit toit de zinc* que le regard surplombe, *elle ruisselle...*
    7) A ← (C → (B ← (A → (C.C)))): *de la gouttière attenante* où elle coule ... *elle choit jusqu'au sol* où elle se brise et rejaillit...

A primeira equivalência (1 e 6) é de tipo semântico; à identidade semântica se opõe a dissimilitude formal: ela concerne ao sujeito da enunciação (presença / ausência de *je*). A segunda equivalência (1 e 7) é formal (*où* / *où*) mas vem acompanhada de uma dissimilitude semântica (*je/elle*): *elle*, a chuva, é o objeto do olhar (o sujeito do texto) mediatizada por este último, sujeito da enunciação.

(II) Outra equivalência põe em paralelo os §§ 2) e 4):
    2) A → (B . B . B . B)
    4) A → (B) . (A → B) . (A → B) ou
       A. A. A. → (B. B. B).

Nas duas frases, deparamo-nos com um verbo-cópula (*être, sembler*) mas, enquanto o sujeito de § 2 é *c'* (*la pluie*), o sujeito de § 4 é *elles (les gouttes)*. A relação é metonímica e assimétrica: a frase 2 contém apenas um circunstancial de lugar (*au centre*) contra três (*ici, là, ailleurs*) para a 4. Nos dois casos, entretanto, a referência *implícita* é o sujeito da enunciação em relação ao qual o espaço é *produzido*.

(III) A terceira equivalência notável no interior da primeira parte é a que estabelece a relação entre os §§ 1 e 5.

Com efeito, é somente aqui que podemos encontrar *la pluie* como sujeito gramatical. Em todas as outras frases, a chuva é representada de maneira metonímica: *des gouttes, elles* ou pronominal-anafórica: *c', elle, elle, elle, elle*.
1) *la pluie descend*
2) *la pluie court horizontalement*.

Esse paralelismo será a matriz das transformações semânticas do conjunto do texto assim como de sua estruturação enquanto objeto semiótico escritural.

4.3. A SUPERCODIFICAÇÃO

O estudo do nível fonemático permitirá validar a afirmação segundo a qual deparamo-nos aqui com o texto proso-poético. Isto significa que ao lado dos fatos prosódicos comuns a toda prosa, encontraremos configurações fônico-prosódicas especificamente poéticas (formas recorrentes, aliterações, onomatopéias, oximoros — sempre em relação com os fatos observados no plano sintáxico).

Por outro lado, veremos que as oposições extraídas no nível sintáxico se acompanham de um jogo idêntico de oposições prosódicas e fônicas de tal modo que esse texto que "dá para ver" em sua parte inicial, progressivamente *se* dá para ver enquanto texto, enquanto "prática significante" (Kristeva).

De um modo geral, o ritmo das frases se modifica na medida em que se introduz no texto a dimensão temporal. A primeira parte contém frases bastante longas (que vão de 4 a 10 grupos sintáxicos); a segunda, frases longas (de 2 a 7 grupos sintáxicos) e a terceira, frases mais curtas (de 2 a 6 grupos sintáxicos). Mesmo levando em conta o comprimento da primeira parte, superior às duas outras reunidas, isso nos dá: 1ª parte: 47 grupos para 7 frases; 2ª parte: 16 grupos para 3 frases; 3ª parte: 11 grupos para 3 frases[3].

1) 4
2) 10
3) 3
4) 6
5) 6
6) 7
7) 10
8) 2
9) 7
10) 7
11) 6
12) 4
13) 1

---

3. Contamos três frases no último parágrafo por razões de comodidade metodológica.

Quanto aos outros fatos prosódicos, notamos na primeira parte (e na primeira metade da segunda parte), paralelamente ao comprimento das frases, uma grande quantidade de fonemas breves, portanto alongadoras, assim como de consoantes e de vogais nasais.

Ex.: 1) [dãlaku:ruzə larəga:rdtõbe]
[desãadezaly:rtrEdivE:rs]
2) [osãtrsEtõefErido]
[rəlativmãlãt – probabləmãaselegE:r]
[presipitasjõsãpitE.rnE:lsãvigoe:r]
[fraksjõĒtãsdymeteO:rpy:r]

3) [distãsdemy:r]
[lu:rd]
4) [grosoe:r – ajoe:r]

5) [sy:rdetrĒgl – sy:rlezakudwa:r – kurtori-zõtalmã fasĒferjoe:r]
6) [ãtjE:R – rəga:rsy:rplõb – ako:z – kuvErty:r]
7) [gutjE:ratenãt]
[bri:z]

Menos marcante é a presença delas na segunda parte:

8) [aly:rpartikyljiE:r]
9) [resO:r – pəzãtoe:r – vapoe:r]
10) [kõsE:r]

Sem pretender tirar conclusões "impressivas" desta análise prosódica, pode-se pensar, entretanto, que à falta de processo que caracteriza esta parte, o escritor faz corresponder uma *duração*, a duração do texto, produzida pelas dilações sintáxicas (lentidões rítmicas) e alongamentos fônicos.

A primeira parte é igualmente rica em *rimas internas* (voltaremos mais adiante sobre o fenômeno do *eco*), que desaparecem, como os alongamentos, na medida em que o texto chega ao "termo".

Podemos citar:

[divErs (1) – kõvEks (5)] (que terminam as frases que têm *la pluie* como sujeito)

[ridO (2) – rezO (2)] (que indicam os dois movimentos do texto)

[alYre (1) – pYr (2) – kuvErtYre (6)]

[rəlativMÃ (2) – probabləMÃ (2) – orizõtalMÃ (5) – parfEtMÃ (7) – grosjErMÃ (7)]

[presipitaSJÕ (2) – frakSJÕ (2)]

[ÉdividyE (3) – dõegrÉdblE (4)]

[El (6) – ryisEl (6)]

[mwarE (6) – tresE (7)]

[lÃt (2) – grÃd pÃt (7)]

[ÉtãsitE – kõplikE (9)]

[pəzãtOEr – vapOEr (9)]

Pode-se notar que as "rimas" têm freqüentemente como função acentuar as funções sintáxicas, quando se encontram em frases distintas. Em outros casos, elas servem para valorizar a materialidade do significante, encontrando-se no interior das mesmas frases, o que é raro nas "descrições" propriamente ditas.

O aspecto crítico do texto é aliás expressamente sublinhado por duas vezes na primeira parte:
[sã / piternEl – sã / vigoer (2)]
[õe pti twa d zẼ – kələrəgar syrplõb (7)]

As aliterações, por outro lado, bem mais discretas (= imperfeitas) na parte inicial do texto, tornam-se mais nítidas no fim:

Ex.: fonemas contínuos: /s – f – – z – etc./
[de*s*ã a de*z*alryrtrEdivEr*s* (1)]
[pre*s*ipitasjõ*s*ãpitErnEL (2) – frak*s*jõẼtã*s* (2)]
[i*s*iEl*s*aãbledəlagro*s*oer (4)]
[*s*yrla*f*asẼ*f*erjoer (5) – El*ss*y*s*pãã*b*ErlẼgokõvEk*s* (5)]
[*s*əlõla*s*yrfa*s* (6)]
[*f*ilepar*f*Etmã*v*Ertikal (7) – a*s*egro*s*jErmãtre*s*e (7)]
[rəza*f*iãnegyi*j*Etbrijãt (7)]

fonemas descontínuos: / *p* – *b* – *t* – *d* – etc. /
[Ẽ*p*laka*b*lamErə la*t*ivmãlã*t*dəgu*t*pro*b*a*b*lamã (2) – *p*re*s*i*p*itasjõ*s*ã*p*itErnEl (2)]
[a*pø*dd*is*tã*s*demyr*dd*rwa*t*e*d*gos   *t*õ*b*avE*k*plys*db*ry i*d*egu*t*plyluir*d* (3)]
[sã*bld*lagrosoer*d*õegrẼ*d*ble   (4)   –   la*d*õe*p*wa – *p*res*kd*yn*b*ij (4)]
[sy*sp*ãã*b*ErlẼ*g*okõvEk*s* (5)]
[gu*t*jEra*t*ənãt (7)]

Na segunda parte, temos:
[komõemekanizmkõplike (9)]
[sOnriosOl – glugludegutjEr – leminyskylkudgõsmyltipli – kõsErsãmonotoni – sãdelikatEs (10)]

Na parte final:
[sil solEj – sefas – sevapOr (12).]

Deve-se notar que somente a segunda parte contém verdadeiras onomatopéias: o ruído não é configurado, mas *dito*.

De tudo o que acaba de ser dito, mesmo se não podemos extrair "figuras" fonemáticas tão facilmente quanto num texto poético de feição clássica, podemos concluir da existência de configurações globais senão nítidas, ao menos nitidamente distribuídas.

Assim, a primeira parte do texto possui um *ritmo* mais lento do que as outras partes do texto. Paralelamente, ela é rica em *rimas internas* e em *configurações aliterantes* (mesmo se estas últimas são imperfeitas). A propósito, podemos ainda notar a quase-sistematicidade da alternância de configurações contínuas e descontínuas (com numerosos grupos consonânticos do tipo: *pr – tr – pl – gr* etc. ou seja, oclusiva + líquida, o que remete ao título-argumento e ao final do texto). Se quisermos extrapolar um pouco, poderemos chamar a atenção sobre o fato de que a chuva aparece no texto (primeira parte) como um fenômeno desta vez contínuo (sempiterno, durável) chocando-se, porém, contra obstáculos, descontínuos, que freiam sua queda. Sem aprofundar a questão, veremos que este contraste aparece igualmente no nível semântico.

A segunda parte do texto se caracteriza pelo desaparecimento dessas constantes fonemáticas e pela presença de *onomatopéias* assim como de verdadeiras aliterações. Uma modificação de ritmo se verifica igualmente. A última, conclusiva, tem um comportamento particular (visto que aí se acede à "ficção") do ponto de vista prosódico e fonológico.

O *eco*, repetição da mesma palavra, apesar de continuar a fazer parte dos fatos prosódicos, será examinado, como o dissemos acima, no nível semântico, pelo seu papel determinante de fenômeno gerador de sentido.

4.4. ESTRUTURA E SIGNIFICAÇÃO

Sugerimos, em nossa análise das equivalências da primeira parte do texto, que aí se encontrava o fundamento, a matriz da estruturação do conjunto enquanto objeto semiótico.

Essa parte, dissemo-lo, se *aparenta* à descrição, ou melhor, ela descreve-define o fenômeno chuva no espaço ou nas possibilidades de um espaço que se oferece ao olhar. *Dans la cour, au centre, à peu de distance des murs de droite ou de gauche, ici, là, ailleurs* – todos os lugares situados em torno do sujeito do discurso (*je la regarde, que le regard surplombe*). As formas da chuva remetem a uma espécie de cosmogonia, por analogia, por substituição: do *rideau* ou *réseau*, ela se transforma em *précipitation sempiternelle*, em *météore pur*, em *ruisseau creux* com *courants*, novamente em *filet*, se dispersa em *gouttes, grain de blé, pois*, ou *bille* e enfim *aiguillettes*. Eis o que nos oferece o exame lexemático desse quadro movediço mas intemporal.

Se levarmos a análise mais longe, entretanto, poderemos observar que esta parte se caracteriza pela presença de uma dupla matriz: uma vertical, paradigmática, e uma horizontal, sintagmática (ou seja, uma matriz *rideau*, e uma matriz *réseau*), a primeira encontrando-se *encastrada* na segunda, que se desenvolve durante todo o texto até o fim.

4.5. O RIDEAU, OU MOVIMENTO LÓGICO DO TEXTO

As equivalências sintáxicas internas evidenciam dois aspectos da chuva:

"la pluie descend" (*je la regarde tomber*)

"la pluie court horizontalement" (*que le regard surplombe*)

Mais exatamente, a oposição "verticalidade" x "horizontalmente" se desdobra, pois é seguida de "suspensão" (retorno à verticalidade) + "queda" (explosão), precedida ainda da horizontalidade ("escorre").

Assim, *la pluie... descend*
 c'est un fin rideau
 une chute
 une précipitation
 des gouttes tombent,

denotam um movimento incontestavelmente vertical. Recorda-se a presença do sujeito enunciador em relação ao qual se produz o fenômeno, presença implícita igualmente na frase metonímica: *elles (les gouttes) "semblent"* e paradoxalmente (efeito de sentido?) *ici, de la grosseur d'un grain de blé, là, d'un pois, ailleurs, presque d'une bille,* numa relação ótica invertida (indo do menor ao maior, contrastando com a distância que "contraria" os fatos).

Em seguida, a chuva *court horizontalement*, horizontalidade denotada, mas *se suspend* simultaneamente antes de escorrer (outra horizontalidade) para cair (queda vertical) e se quebrar (e salpicar, em *aiguillettes brillantes*, sinédoque).

Esses *quatro* movimentos isolados no plano sintáxico (e semântico) correspondem ao movimento lógico do texto inteiro assim como de suã organização estrutural:

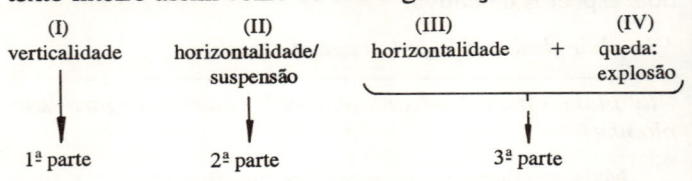

(I)	(II)	(III)	(IV)
verticalidade	horizontalidade/ suspensão	horizontalidade	+ queda: explosão
↓	↓	↓	
1ª parte	2ª parte	3ª parte	

À "verticalidade" corresponde a utilização de numerosos procedimentos metafóricos que se encontram na primeira parte: enumeração, paralelismos, configurações prosódicas e fônicas recorrentes etc., assim como a ausência de toda idéia de processo (temporalidade).

A segunda parte desloca, *suspende* o sentido. O enunciado *chacune de ses formes a une allure particulière* funciona como uma suspensão, uma espécie de *da capo*. As formas e aspectos já foram *ditos*. Quanto a *il y répond un bruit particulier*, não existe uma seqüência de descrições sonoras, não há uma continuação *imediata*: os ruídos só aparecem no parágrafo seguinte (que contém as *onomatopéias*).

Do ponto de vista dos tropos, a metáfora (substituição: *fin rideau, chute, précipitation, fraction du météo-*

re) e a metonímia (*les gouttes, elles*) utilizadas para caracterizar a chuva "vertical"; a metáfora indireta (*elle ruisselle en nappe très mince, elle coule avec la contention d'un ruisseau creux*), para caracterizá-la "horizontalmente" são substituídas aqui por um outro procedimento, o da comparação, que realiza ao mesmo tempo um deslocamento do líquido ao sólido.

Le tout vit comme *un mécanisme compliqué...*
comme *une horlogerie...*

O sólido que introduz — como para os outros textos do *Parti pris* — a relação ao homem, à sua produção. Nesse caso, o funcionamento do relógio e o mecanismo operam num segundo nível como referência metalingüística[4].

Na segunda metade dessa parte suspensiva são introduzidas, portanto, as referências sonoras e as únicas onomatopéias de todo o texto, preparadas pelo deslocamento à mecânica (sonnerie *au sol, le glou-glou des gouttières, les minuscules* coups de gong, *résonnent en un* concert *sans monotonie...*).

Deslocamento — deslizamento à mecânica, à máquina, ao musical que permitirá a introdução da dimensão temporal, aquela que na prática de Ponge torna possível a resolução e a orientação da descrição para a ficção textual.

4. "Do ponto de vista da própria forma de meus textos, era a forma da bomba e a preparação, a longa preparação da bomba que me interessava, e eu me introvertia para realizá-lo. Não participava das ações exteriores, fechava-me e preparava a minha máquina" (*Entretiens*, p. 68).

É na última parte que aparece essa dimensão até aqui calada, ou seja, a temporalidade, paralela ao modo de percepção auditiva. Ora, o que é a temporalidade senão o equivalente da sucessão (do tempo, dos momentos, das frases), senão o que *court/coule horizontalement*, principalmente quando se trata da fala?

Essa temporalidade-horizontalidade traz a queda, *como para outros textos do Parti pris des choses*: não a queda "rematada" mas a queda quebrada e salpicante. O líquido tendo dado lugar ao sólido desaparece na "evaporação" do texto; a última frase: *il a plu* diz que o fenômeno-texto terminou, e somente a introdução das marcas temporais terá permitido que assim seja. Alguma coisa introduziu-se na descrição-definição de que partimos tornando possível o ultrapassamento do objeto do olhar: o tempo, homólogo da fala, quebrou a estrutura descritiva, retardada, para transformá-la num texto outro, a-codificado. Nesse sentido, todas as marcas temporais da última parte só aparecem para atualizar esse tempo (que no princípio era uma *duração*), – materializando-o – que é o *tempo da Escrita*.

4.6. A "REDE" (RÉSEAU), OU MOVIMENTO CIRCULAR DO TEXTO

Acabamos de ver como o texto atravessa uma série de movimentos indo do "estático" ao "dinâmico", ou como desde o início (na parte aparentemente descritiva), ele contém a escansão de sua própria explosão.

Desse modo, destina-se sucessivamente à imaginação visual (as fisionomias e configurações da chuva segundo a referência que se substitui a ela, os lugares onde a situamos e principalmente os obstáculos aos quais se depara); à orelha e, enfim, para se fechar (provisoriamente), passa ao auditivo ao oral, à fala. O Tempo, que permitiu essa passagem, se apaga no final, com a introdução de uma nova "personagem", o sol, que deterá a maquinaria.

Seria interessante em seguida ver o texto como o lugar de um outro movimento, de um outro jogo de estruturas, criando forças não mais oponentes mas contínuas.

Nesse sentido, não podemos permanecer indiferentes ao impressionante teor recursivo do texto. O retorno das formas, ou seja, as recorrências são por demais numerosas para serem apenas o fruto do acaso.

Não insistiremos sobre os paralelismos sintáxicos e fonemáticos já examinados. Podemos somente acrescentar a estes certas construções particularmente marcadas, tais como:

rideau / réseau
sempiternelle / sans vigueur
elle / ruisselle
une allure particulière / un bruit particulier
sans monotonie / sans délicatesse
de plus / en plus
etc.

Mas, ao lado dessas formas, pode-se falar realmente de *réseau*, de movimento recorrente (ou eco), no exame das formas lexemáticas bastante numerosas no texto.

Temos, assim, para as doze frases:

la pluie (1) – *la pluie* (5)
je regarde (1) – *le regard* (6)
tomber (1) – *tombent* (2)
allures (1) – *allure* (8)
discontinu (2) – *continuent* (11)
chute (2) – *choit* (7)
gouttes (3) – *gouttes* (3)
précipitation (2) – *précipitation* (9)
gouttes (2 e 3) – *gouttière* (7)
bruit (3) – *bruit* (8)
ruisselle (6) – *ruisseau* (7)
gouttière (7) – *gouttières* (10)
filet... vertical (7) – *filets verticaux* (10)
au sol (7) – *au sol* (7)
brillantes (7) – *brillant* (12)
particulière (8) – *particulier* (8)
le tout (9) – *le tout* (12)
le ressort (9) – *le ressort* (11)
vapeur (9) – *s'évapore* (12).

As formas recorrentes (8 na primeira parte; 5 entre a primeira e a segunda; 2 entre a primeira e a terceira; 1 na segunda e 3 entre a segunda e a terceira partes) decrescem, é certo, na medida em que nos aproximamos do fim e em proporção à temporalidade crescente do texto.

Isso não impede que elas teçam uma verdadeira rede (ou *filet grossièrement tressé*) de formas que se respondem, que ressoam, sem que entretanto suas ocorrências coincidam verdadeiramente nos três pontos principais (função sintáxica, significância semântica e nível fonemático). Elas não são empregadas com o mesmo valor para cada uma de suas ocorrências, mas representam uma *segunda* matriz que entra em tensão com a primeira ou que a reforça: são as mesmas palavras, mas a orientação de sua significação não é mais a mesma; inversamente, há um movimento lógico, ou melhor, uma transformação do texto que passa pelas mesmas palavras.

O fim do texto é particularmente significativo desse ponto de vista: vimos que a ocorrência do verbo *s'évaporer* para anunciar o desaparecimento da chuva continha já o traço de seu recomeçar (a chuva é definida na parte intermediária do texto como *une masse donneé de vapeur en précipitation*). Ora, qual é o agente dessa evaporação que cria massas de vapor a não ser o sol? Tudo pode assim recomeçar.

Sem nos determos na alegoria, e para voltarmos ao texto, o ciclo (textual) é igualmente anunciado pela forma final de "Pluie", *il a plu*, anagramática da primeira palavra: *la plui(e)*.

4.7. OBSERVAÇÕES FINAIS

Para terminarmos, gostaríamos de emitir uma observação sobre o título do texto, título que contrasta com a primeira palavra – *la pluie* e a última – *il a plu*, ambas se opondo enquanto portadoras ou não da idéia de processo.

"Pluie", sem artigo, se situa portanto a meio caminho entre o substantivo, que designa *uma* chuva, *esta* chuva, objeto do olhar e da escrita e o verbo, que designa o fim desta chuva precisa que faz o objeto do texto.

Em outros termos, *pluie* é a abertura a todas as possibilidades – é o *signo pluie*, reconhecido pelos leitores como uma palavra da língua francesa; nesse sentido, ele se situa no nível semiótico da significância, sem ser ainda atualizado na enunciação (*la pluie*... je *la regarde tomber*), sem ser semantizado[5]. Como ainda não foi indexado por todos os deíticos do discurso poético que precisarão de que chuva se trata, ele tem um sentido semiótico mas nada foi dito de seu sentido propriamente semântico (quê sentido), ou, em outras palavras, ele é utilizado como sua própria designação (Carnap).

Enquanto título, o signo *pluie* anuncia, se refere à *descrição* do fenômeno mais do que ao próprio fenômeno. O que significa que encontraremos uma pseudo-descrição (ou descrição estourada), e do mesmo modo que pelas transformações e deslizamentos contínuos teremos a certeza do fato, do mesmo modo, o sujeito da enunciação que o atualiza e o semantiza no texto se desvanecerá progressivamente para deixar-nos apenas um texto que por sua vez suprimirá o sujeito da descrição (a chuva).

Esse desvanecimento do sujeito da enunciação se faz habilmente e por etapas (*je* → *le regard* → $\dfrac{elle}{la\ pluie}$

---

[5]. Nível do signo, onde o locutor limita-se a *reconhecer* a unidade idiomática.

→ *les gouttes* → *le tout* → *le soleil* → il *a plu*). Transformação de um sujeito pleno em sujeito aparente (ou falso) que formalmente confunde-se com o Texto na posição-em-parênteses do sujeito da descrição. Posição-em-parênteses fictícia, visto que o leitor não se deixa enganar: este desvanecimento é apenas provisório e tudo pode recomeçar, visto que o Texto fica colocado.

Sem contar que "levando-se em conta as pala-. vras"[6], a última frase do texto pode significar igualmente (desejo?): ele (o Texto) agradou (*a plu*) ao leitor, o procedimento da auto-referência sendo característico das "conclusões" pongeanas (deslizamento da coisa à palavra)...

Como última observação, poderemos acrescentar que "Pluie" é o único texto do *Parti pris* que tem uma palavra-signo como título (no singular, sem especificação nenhuma) e incluindo a oposição substantivo (à chuva) e o verbo (chover), como possibilidades semânticas. Pode-se, entretanto, aproximá-lo do texto "Végétation" que, como por acaso, começa com a frase:

A *chuva* não forma os únicos traços de união entre o solo e os céus...[7].

---

6. "Le Parti pris des choses, compte tenu des mots"... (Ponge).
7. O grifo é nosso.

5. LEITURA FINITA DE UM TEXTO INFINITO: GALÁXIAS DE HAROLDO DE CAMPOS

Jakobson atribui ao texto literário, e em particular ao texto poético, uma definição complexa que se pode resumir em três pontos principais:

a) o trabalho sobre a matéria significante;

b) a recorrência no eixo sintagmático das equivalências paradigmáticas (ou seja, equivalências de forma ou de sentido de tipo similar ou dissimilar não mais exclusivas mas concatenadas);

c) a supercodificação paralelística, ou seja, a supradeterminação das estruturas recorrentes nos vários níveis (fônico, morfológico, sintáxico, semântico) em que elas se realizam.

Será portanto "poético" o texto que preenche essas três condições, e é nesse sentido que ele se presta à análise semiológica, cujo objeto, a *literariedade*, constitui a invariante que se encontra em toda a literatura, que ao mesmo tempo se vê assim formalmente definida.

Sem negar a validez desta teoria, que é a primeira a permitir um salto qualitativo no domínio da teoria literária, a questão que se coloca hoje em dia ao crítico literário é o problema da escrita, ou seja, o problema da relação do sujeito-escritor (não mais o autor, dotado de poderes sobre-humanos da visão romântica e pós-romântica) com o texto, e, igualmente, do texto com o contexto, o mundo.

A análise-leitura que nos propomos efetuar do texto de Haroldo de Campos, poeta brasileiro contemporâneo, visa estes dois aspectos da questão.

Num primeiro tempo, queremos mostrar que o texto escolhido — apesar de sua não-conformidade com os parâmetros formais usuais — é um texto teórica e praticamente literário. Em seguida, que ele produz, por suas características próprias, uma teoria do trabalho literário como meio de apreensão e de transformação da realidade.

I

A primeira observação a ser feita sobre o fragmento que analisaremos concerne portanto à sua não-conformidade com as regras formais do texto poético tradicional. Assim, é impossível classificá-lo *a priori* entre as formas fixas. Preferimos considerá-lo como um texto, deixando de lado, por ora, as observações visando incluí-lo nos gêneros poéticos ou prosaicos já codificados.

O fato de o texto não possuir uma forma fixa não nos impede — na medida em que o analisamos como objeto semiótico[1] — de traçar as linhas provisórias que de-

1. Ou sistemático, ou seja, como um conjunto definido pelas unidades que o constituem, assim como pelas relações que unem estas últimas.

marcam suas unidades. Para isso utilizaremos dois critérios: a unidade-linha, que decorre da distribuição intencional do texto sobre a página, e a unidade-frase (unidade sintáxico-semântica), que será a prioritária.

O texto poderá ser assim dividido em quatro frases complexas:

I(a): "mais uma vez junto ao mar...você converte... papel" (u.-l. 1 a 6);
I(b): "estes signos você os ergue... ibericaña" (u.-l. 6 a 9);
II(a): "na primeira posição do amor... é-se" (u.-l. 9 a 14);
II(b): "pois os signos dobram... livro-de-viagens" (u.-l. 14 a 19);
III(a): "na segunda posição... escuras" (u.-l. 19 a 22);
III(b): "dizer que essas palavras... festins floriletos" (u.-l. 22 a 27);
III(d): "e houve também a estória... o livro faz-se" (u.-l. 30 a 38);
III(e): "pois não se trata aqui... cartapácios galácticos" (u.-l. 38 a 44);
IV: "na terceira posição ela é signo... quem dobra" (u.-l. 44).

A análise que segue se limita à primeira frase complexa (I(*a*) + I(*b*)), não sendo nosso objetivo no presente capítulo a exaustividade. Não deixaremos de propor uma visão sintética do conjunto, escansão sintáxico-semântica da totalidade do fragmento. Podemos acrescentar igualmente que, se nossa análise-leitura toma a sintaxe como ponto de partida, ela não exclui, ao contrário, os demais parâmetros que constituem a "literariedade" do texto escolhido.

I(*a*): Principal: "mais uma vez... *você converte estes signos-sinos num dobre de finados* enfim nada de papel".

I(*b*): Coordenada: "*você os ergue contra tuas ruínas*... sololetreando a sóbrio... tua barrouca mortopopéia ibericaña".

A	B	C	D	E	F
		escribalbuciando	você	converte	estes
			você	ergue	estes
					tuas
ou					
	balbucilente				
		sololetreando a sóbrio			tuas

As duas proposições (a) e (b), embora quantitativamente distintas (6 linhas e 3 linhas), podem ser consideradas paralelas, pois apresentam: o mesmo sujeito – "você", o mesmo complemento – "estes signos", "os", e o verbo no mesmo tempo (presente do indicativo), ambos de forma transitiva – "converte", "ergue". Prosodicamente, podemos acrescentar que o paralelismo sintáxico é reforçado pela posição do núcleo (sujeito + predicado) no interior da linha (l. 5 e 6). Das duas proposições complexas, a segunda pode ser considerada expansão da primeira (que é a exposição), a partir da transformação.

estes signos → os
P1 = exposição → P2 = expansão.

G	H	I	J	K
signos-sinos		num	dobre	
		numa	dobra de finados	
	enfim		nada de papel	
signos/os		contra		tuas
			rufnas	
rufnas		contra		esses
			signos	
barrouca morto-epopéia ibericaña		neste	eldorido	
			feldorado	
			latinoamargo	

Acrescentamos que o primeiro termo do complemento da Principal, "signos-sinos", é em si a *reprise* de uma proposição anterior, intercalada: "por quem os signos dobram" (l. 3). Por outro lado, a expansão pode ser desdobrada em duas proposições (unidas pela conjunção alternativa "ou"), cuja segunda parte se caracteriza pela presença de um núcleo implícito.

Uma vez estabelecida a estrutura sintáxica dessa primeira frase complexa (F.C.I) que constitui, a nosso ver, a primeira "parte" do texto, vejamos em que medida a organização do núcleo é supradeterminada pelas organizações prosódicas ou fônicas do texto [quadro acima].

De início notamos que ao paralelismo sintáxico corresponde um paralelismo prosódico, embora assimétrico.

De fato, à primeira forma gerundiva "escribalbu-ci*ando*" se opõe uma forma transitiva — "sololetre*ando* tua", modificada além do mais pelo advérbio — "a sóbrio" e pela circunstancial de lugar — "neste eldorido feldorado latinoamargo". É certo que o segundo gerúndio constitui intrinsecamente: uma configuração fônica aliterante (/s//l//r/) e uma configuração em eco (-dorido/ -dorado// amargo).

As duas formas gerundivas (C) são constituídas por palavras-*valise* cingindo mesma substância sêmica: escri-balbuciando / so(lo) + letr(e)ando, ou seja "o ato de escrever e ler com dificuldade".

As classes (D) e (E) não oferecem problemas. A classe (F) oferece um falso paralelismo duplo: "estes", "estes" / "tuas", "tua", mas o singular do segundo possessivo indica uma oposição ao plural da primeira forma. Na verdade "estes" e "tuas" se encontram em distribuição complementar, e "tua" é o complemento introdutor da assimetria, sendo o determinante do complemento de "sololetreando" e não de "ergue". Por outro lado, "estes" é sempre seguido de "signos" e "tuas" de "ruínas", enquanto "tua" precede "mortopopéia". As três unidades de (G) são igualmente palavras-*valise*: barro(u)ca, morto(e)popéia, iberica(ña).

Encontramos várias ocorrências do paralelismo por *compensação* (falso paralelismo). Assim, na classe (I) temos duas vezes o amálgama preposicional (em um → num; em uma → numa), com a diferença do gênero (masculino / feminino). O terceiro termo, "nada", aparece sem preposição mas compensado pelo advérbio "enfim". Do ponto de vista fônico e sêmico é interessante notar o jogo de palavras entre "dobra de finados" (pois se trata de signos-sinos) e "nada de papel" (K). Se fizermos a interversão dos termos, teremos "dobra de papel" (signos-sinos) e "nada de finados", pondo em relevo a aliteração quiasmática em /nad/ ("nada", "finados") que contém parcialmente o termo "enfim".

Enfim, o segundo gerúndio, transitivo e por isso mais longo no conjunto, determinado por dois circunstanciais (modo/lugar), se vê prolongado pelo aposto "balbucilente" (B) que de um lado se liga a "sololetreando" (semanticamente), de outro a "escribalbuciando" (fônica e semanticamente). Em "balbucilente", encontramos "balbuci-", comum a "balbuciando" e "-cilente" (silente) que ressoa fonicamente como um termo duplamente determinado.

Podemos notar ainda a similitude sintáxica dos termos das classes G e J (equivalência sintagmática):

G: *eldorido* (adj.) *feldorado* (subst.) *latinoamargo* (adj.)
(el+dorado/dorido/do(lo)rido//fel+dorado/F+el+dorado// latino+
+amargo)

J: *barrouca* (adj.) *mortopopéia* (subst.) *ibericaña* (adj.)
(barro(u)ca/barro+rouca//morto+(e)popéia// iberica+caña +(ameri)caña)

Na parte introdutiva (Intróito) à F.C.I, encontramos um grande número de paralelismos, ou seja, de equivalências fônico/semânticas paradigmáticas concatenadas sintagmaticamente. Algumas observações se impõem quanto ao número de sílabas bastante regular dos determinantes de "mar" ("polifluxbórboro", 6 sílabas; "polivozbárbaro", 6; "polúphloisbos", 4; "polyfizzyboisterous", 7; "weitaufrauschend", 4 e "fluctissonante", 4 — os termos centrais se compensando reciprocamente), quanto ao significado invariante e ao significante poliglótico e homófono deles, num funcionamento par.

A mesma equivalência se encontra no eco "esse mar" e no complemento de lugar que segue "marujando", constituído por uma enumeração amplificante.

A seqüência "múrmur+rúmor+remurmunhante" (que fornece a rima para "fluctissonante") segue o caminho inverso, pois principia numa "meia" palavra, continuando numa palavra plena e enfim num neologismo entre o som (onomatopéia) e o sentido (remur/rumor+murmu/murmur+nhante)...

O trecho ilustra de maneira bastante clara o princípio emitido por Poe da "espera frustrada". Na primeira parte, quanto ao número de sílabas; na segunda, quanto à repetição imperfeita de "esse mar" seguido de "esse mar*texto*"; na terceira, quanto à repetição/ruptura de paradigmas variáveis[2].

---

2. Assim: a) marujando
                b) num estuário
                         mortuário
                         monstruário
                              c) múrmur
                                rúmor
                                remurmunhante
                d) escribalbuciando

A escansão que apresentamos aqui — bastante sumária —, justificada pelas comodidades metodológicas que ela oferece, possui a vantagem de evidenciar no texto as unidades poéticas recorrentes:

Intróito (F.C.I):

a) Apresentação do contexto espácio-temporal (circunstância)+Subordinada gerundiva+Principal. Aparecimento do primeiro motivo: "signos-sinos".
b) Coordenada (assindética)+Coordenada ("e")+Subordinada gerundiva.

I movimento (F.C.II):

a) Introdução do segundo motivo (circunstância de maneira): "ela", sujeito afirmado, o sujeito da enunciação permanecendo em filigrana+Principal+Coordenada ("e")+Coordenada ("e")+Subordinada temporal+Subordinada infinitiva:
b) Transformação do primeiro motivo (coordenada "pois")+Relativa ("que")+Coordenada ("e")+Participial+Relativa ("que")+Coordenada ("e")+Participial

II movimento (F. C. III):

a) Retorno ao segundo motivo modificado (circunstância de maneira) + Principal + Coordenada ("e") + Relativa ("que");

b) Parêntese metalingüístico (+ Completiva) + Completiva ("que") + Coordenada ("e") + Coordenada ("e") + Relativa ("que") + Coordenada ("e") + Participial;
c) Retorno à forma "pois" (coordenada) + Coordenada (assindética) + Coordenada (assindética) + Coordenada ("e") + Coordenada ("e").

III movimento (F. C. III):

d) Parêntese referencial ("a estória"). Introdução de uma ficção outra. À oposição escrita/linguagem (fala) sucede o aparecimento da língua (idioma). Temos: (coordenada) + Relativa ("que") + Coordenada ("e") + Coordenada ("e") + única menção do *eu* explícito (coordenada ("e")), na expressão familiar idiomática, quase injuriosa "que se danem" (completiva) + Coordenada ("e") + Relativa ("que") + Relativa ("onde");
e) Retorno ao "pois", definição do livro, em um só fôlego (coordenada) + Coordenada ("nem") + Coordenada ("mas").

Final (F. IV):

Condensação num falso movimento de retorno ao tema "na... posição". Ao mesmo tempo que se fecha o círculo, numa espécie de *da capo*, a indicação de seu processo infinito. Principal + Coordenada ("e").

O interesse desta escansão sintáxico-semântica é que ela permite apreender os paralelismos formais entre as grandes unidades sintáxicas (e temáticas) do texto, e conseqüentemente o trabalho de *codificação*[3] efetuado pelo autor, que produz, dissimulando-as, essas mesmas unidades supradeterminadas.

Podemos notar, assim, a configuração quiasmática das duas partes do Intróito (*a*) e (*b*), a equivalência entre as três principais (I, II movimentos e Final); a presença maciça de coordenadas nas proposições introduzidas por "pois" (I, II e III movimentos) e a presença de completivas nas duas proposições parentéticas.

II.

A segunda parte de nossa análise-leitura tem como objetivo não mais o texto como objeto semiótico (poético), mas sua inserção no contexto sociocultural, ou seja, a intertextualidade.

Nesse sentido, examinaremos a maneira pela qual ele contém sua própria teoria e em que medida ele procura transformar a literatura e conseqüentemente a realidade.

Como vimos no início, o texto é endereçado a "você" desde o Intróito. Em outras palavras, "você" é o sujeito – extremamente ambíguo – dessa parte, podendo significar *você-leitor*, ou *você-que-escreve* (as duas ocorrências voluntariamente confundidas e reciprocamente identificáveis). Como se sabe, desde que se coloca "você", pressupõe-se "eu", sujeito da enunciação.

3. Trabalho a considerar não só em sua originalidade mas em sua eficácia, pois as grandes unidades do texto galáctico se evidenciam somente na análise detalhada de sua constituição: à leitura, o texto funciona como um tecido "compacto" e homogêneo, não classificável *a priori*.

Benveniste define "você" ("tu") como o alocutor da presente instância em que *eu* se enuncia: "você" pressupõe "eu" e coloca o problema da enunciação no ato da fala-escrita. O texto se situa assim no nível do discurso e não do enunciado, que sobre a falsa noção da objetividade é o que se pretende mais próximo da verdade, quando na ficção a única verdade é o tecido discursivo que se deixa surpreender ou que se mostra se enunciando, no gesto mesmo da escrita. Este fato é confirmado pela presença maciça dos dêiticos que já mencionamos ("este", "tuas", "tua").

O sujeito da enunciação permanece pressuposto no alocutor ("você") mas sobretudo nas formas dêiticas da primeira pessoa ao longo de todo o texto. Ele se explicita no final (III movimento), sob a forma "quero", que não somente indica a presença real do sujeito enunciante mas a concomitância do dizer e da ação: "quero" é de certa maneira um verbo performativo; dizendo "quero", não só digo mas *ajo*.

Assim, do "eu" implícito em "você" (l. 5 e 6), "esse (mar)" (l. 2 e 3), "estes (signos-sinos)" (l. 6 e 7), "tuas (ruínas)" (l. 6 e 7), "neste (feldorado)" (l. 8), "tua (mortopopéia)" (l. 8); "agora" (l. 11), "este (texto)" (l. 14), "essas (palavras)" (l. 22); "nessa (noite)" (l. 28); "isto" (l. 37); "aqui" (l. 40), chegamos ao "eu" explícito de *quero*. Mas a frase final devolve o texto ao anonimato, à pessoa ausente ("ela") e exclui, ao terminá-lo, a *possessão* do discurso.

O I movimento introduz a não-pessoa, "ela", objeto de que se fala no texto. Esse embrião de ficção, cuja tonalidade sêmica é erótica, vem se fundir e desvanecer ("a mesma castanho-lisa mão") no ato de escrever, na máquina de escrever.

A continuação – na proposição coordenada introduzida por "pois" (terceiro paradigma) – marca uma nova cena da escrita: o retorno implícito do sujeito, mas principalmente a insistência de uma lucidez quase-metalingüística e essencialmente teórica quanto à atividade produtora da prática significante: "pois os signos dobram por este texto que subsume os contextos e os produz como figuras de escrita"...

Ao mesmo tempo se esboça a encenação da intertextualidade. "Polipalavra" designa "polúphloisbos" (Homero), mas a literatura no seu processo histórico e devir de "traduções encadeadas verbais vogando contra o encapelo móvel das consoantes".

A afirmação de Jacques Roubaud, para quem a literatura é código formal e memória semântica de uma língua, adquire uma nova dimensão nesse espaço galáctico. O texto de Haroldo de Campos codifica e transforma os dados prosódicos e sêmicos da língua. Transforma, pois faz explodir os limites de uma língua integrando nos mesmos paradigmas uma série de neologismos e palavras-*valise* de outros idiomas, mostrando que a fusão se faz na língua mas profundamente (inconscientemente) no ritmo da linguagem/discurso.

O II movimento reintroduz "ela", que reaparecerá no Final, sempre no mesmo contexto:
"na .... posição (do amor)"
    primeira
    segunda
    terceira...

"Ela" — misteriosa — vítima de uma encenação, *mise en scène / mise en signe*, passiva e agredida e se transformando em signos pela mão (castanho-lisa) do poeta. "Ela", não a atriz mas talvez *uma* atriz no *script* da memória (referência a Hollywood, por quem os sinos dobram), ela representa o fio tênue da ficção, criada, recriada e consumida no discurso, ilustrando Thompson: "Whatever I am talking about, I am also talking about literature". No texto presente, a referência ao discurso literário é a cada vez explicitada:

"lauda datiloscrita" – "memória" (i)
"dizer que essas palavras" (ii)
"ela é signo" (iii).

O terceiro paradigma (presente nos três movimentos) apresenta a particularidade, que já assinalamos, de esclarecer o texto ao situá-lo num nível teórico.

Com efeito, podemos "traduzir" as três proposições:

i – pois os signos dobram
ii – pois a linguagem é lavagem
iii – pois não se trata aqui de um livro-rosa

da seguinte maneira: os signos-sinos, convertidos por "você-eu", dobram; ela, signo, convertido por "você-eu", dobra, mas os signos-sinos dobram pelos signos-sinos convertidos por "você-eu".

Em outras palavras, a linguagem é a memória, mas na linguagem o trabalho sobre a matéria significante é o único a poder "lavar" a linguagem da "civilização" e apagar as palavras inúteis criando outras e retendo os traçados do mar de Homero, das vogais e das consoantes.

A última proposição define o livro – pois as galáxias *são* o livro: um nigrolivro, um pesteseller, um horrídeodigesto, o livro que corrói e recusa o fim feliz[4], mas quem recusa o fim recusa o início e toda a concepção da literatura tradicional, assim como a fábula, o Autor, partes integrantes do humanismo literário. Esta última proposição é posta em relevo pela sua estrutura negativa ("não se trata"), seguida por uma dupla afirmação ("mas sim").

Resta-nos comentar a unidade parentética narrativa, a única a apresentar inteiramente as aparências formais da ficção.

Já mencionamos a relação entre as unidades:

na ... posição   /   pois...
   I   II

em que I e II se reencontram numa concepção teórica do livro.

Ora, aqui o sujeito, mesmo sendo a terceira pessoa ("a estória daquele alemão") como em I e II, se opõe aos outros enquanto marcado negativamente do ponto de vista semântico. Trata-se de um "personagem" idiota, o personagem da anedota, pois ele representa o acumulador do capital língua (e a concepção da língua como uma nomenclatura, como um dicionário empoeirado): tantas palavras por mês, por ano, com o fito de se apoderar de um idioma outro. A atitude assim criticada

---

4. Podemos notar ainda a presença no trecho da alusão direta ao contexto de produção, de influência norte-americana (*reader's digest; best-seller; happy-end*). Da mesma maneira, a referência à bossa nova açucarada que preconiza "o amor, o sorriso e a flor"...

é a antítese da teoria do Texto, que faz falar outras línguas na sua língua.

É o que explica que a relação entre a anedota – formalmente distinta do resto do texto – e a continuação se apresente sob forma de uma ruptura: "quero que se danem".

No total, o texto, caracterizado pela recorrência/permanência e transformação cíclica de suas unidades, oferece uma teoria da prática literária sustentada pelo jogo das pessoas funcionando aí como fio condutor.

O sujeito pressuposto, enunciante, se oculta mas revela seu ocultamento ao ser investido pela dialética lúdica dos pronomes diversos na seguinte distribuição:

TEORIA	PRÁTICA	FICÇÃO
(2ª pessoa)	(1ª pessoa)	(3ª pessoa, ausente)
você	eu	ela
tuas	este	(associada à prática)
tua	isto	vagido-mão-saliva
esse	estes	signos-homero-fauno
essas	agora	palavras-linguagem-livro
nessa	aqui	
	↓	
	QUERO	a estória daquele alemão
	↓	(associado à concepção
	∅	negativa da língua como
	(anulação do sujeito no Texto)	depósito de palavra)

O itinerário percorrido pelo sujeito, que engloba (tal qual Lautréamont) o leitor em sua prática através do pélago-linguagem, mar onde a velha cultura do capitalismo lingüístico (através do estrangeiro) se afoga diante da produção significante, faz aparecer uma presença feminina tão fictiva quanto difusa, e o que resta é o texto na sua enunciação, pela qual um querer se afirma, rápido como um cometa.

O texto participa assim dos traçados que, por serem contemporâneos, não renegam sua História. Traçados de uma escrita que engendra sua própria Teoria, teoria nova da linguagem-pensamento. A literatura prossegue na via da transformação das velhas estruturas, anulando nesse gesto o sujeito como consciência suprema, mestre de seus personagens e de suas fábulas.

O texto assim é infinito, e engendra um novo ritmo, fôlego épico, abolindo as pausas e as cesuras num movimento corporal que se integra na matéria fônica, na matéria sêmica, vogais vogando, consoantes encapeladas, cuja leitura fica aqui apenas esboçada.

GALÁXIAS*

mais uma vez junto ao mar polifluxbórboro polivozbárbaro polúphloisbos
polyfizzyboisterous weitaufrauschend fluctissonante esse mar esse mar
esse mar esse martexto por quem os signos dobram marujando num estuário
de papel num mortuário num monstruário de papel múrmur-rúmor-remurmunhante
escribalbuciando você converte estes signos-sinos num dobre numa dobra
de finados enfim nada de papel estes signos você os ergue contra tuas
ruínas ou tuas ruínas contra estes signos balbucilente sololetreando a
sóbrio neste eldorido feldorado latinoamargo tua barrouca mortopopéia
ibericaña na primeira posição do amor ela ergue os joelhos quase êmbolos
castanho-lisos e um vagido sussubmisso começa a escorrer como saliva e
a mesma castanho-lisa mão retira agora uma lauda datiloscrita da máquina-
-de-escrever quando a saliva já remora na memória o seu ponto saturado
de perfume apenas a lembrança de um ter-sido que não foi ou foi não-sendo
ou sido é-se pois os signos dobram por este texto que subsume os contextos
e os produz como figuras de escrita uma polipalavra contendo todo o
rumor do mar uma palavra-búzio que homero soprou e que se deixa transoprar
através do sucessivo escarcéu de traduções encadeadas vogais vogando
contra o encapelo móvel das consoantes assim também viagem microviagem
num livro-de-viagens na segunda posição ela está boca-à-terra e um
fauno varicoso e senil a empala todocoberto de racimos de uva e revoado
por vespas raivecidas que prelibam o mel mascavo minado das regiões
escuras dizer que essas palavras convivem no mesmo mar de sargaços da
memória é dizer que a linguagem é uma água de barrela uma borra de
baixela e que a tela se entretela à tela e tudo se entremela na mesma
charada charamela de charonhas carantonhas ou carantelas que trelam e

taramelam o pesardelo de um babuíno bêbedo e seus palradisos pastificiosos
terrorescendo os festins floriletos pois a linguagem é lavagem é resíduo
de drenagem é ressaca e é cloaca e nessa noite nócua é que está sua
mensagem nesse publiexposto putriexposto palincesto de todos os passíveis
excessos de linguagem abcesso obsesso e houve também a estória daquele
alemão que queria aprender o francês por um método rápido assimil de sua
invenção e que aprendia uma palavra por dia un mot par jour zept mots
jaque zemaine e ao cabo de um mês e ao fim de seis meses e ao fim e
ao cabo de um ano tinha já tudo sabido trezentas e sessenta e cinco
palavras sabidas tout reglé en ordre bien classé là voui là dans mon cul
la kulturra aveva raggione quello tedesco e a civilização quero que se
danem e é sarro e barro e escarro e amaro isto que fermenta no mais
profundo fundo do pélago-linguagem onde o livro faz-se pois não se trata
aqui de um livro-rosa para almicândidas e demidonzelas ohfélias nem de
um best-seller fimfeliz para amadores d'amordorflor mas sim de um
nigrolivro um pesteseller um horrideodigesto de leitura apfelstúrdia
para vagamundos e gatopingados e sesquipedantes e sestralunáticos
abstractores enfim quintessentes do elixir caximônico em cartapáceos
galáticos na terceira posição ela é signo e sino e por quem dobra

* HAROLDO DE CAMPOS, *Xadrez de Estrelas*, São Paulo, Perspectiva, 1986, p. 239, Signos 4.

COLEÇÃO ELOS

1. *Estrutura e Problemas da Obra Literária*, Anatol Rosenfeld.
2. *O Prazer do Texto*, Roland Barthes.
3. *Mistificações Literárias: "Os Protocolos dos Sábios de Sião"*, Anatol Rosenfeld.
4. *Poder, Sexo e Letras na República Velha*, Sergio Miceli.
5. *Do Grotesco e do Sublime*, Victor Hugo (Trad. e Notas de Célia Berrettini).
6. *Ruptura dos Gêneros na Literatura Latino-Americana*, Haroldo de Campos.
7. *Claude Lévi-Strauss ou o Novo Festim de Esopo*, Octavio Paz.
8. *Comércio e Relações Internacionais*, Celso Lafer.
9. *Guia Histórico da Literatura Hebraica*, J. Guinsburg.
10. *O Cenário no Avesso*, Sábato Magaldi.
11. *O Pequeno Exército Paulista*, Dalmo de Abreu Dallari.
12. *Projeções: Rússia/Brasil/Itália*, Boris Schnaiderman.
13. *Marcel Duchamp ou o Castelo da Pureza*, Octavio Paz.
14. *Os Mitos Amazônicos da Tartaruga*, Charles Frederik Hartt (Trad. e Notas de Luís da Câmara Cascudo).
15. *Galut*, Itzack Baer.
16. *Lenin: Capitalismo de Estado e Burocracia*, Leôncio M. Rodrigues e Otaviano de Fiore.
17. *Círculo Lingüístico de Praga*, Org. J. Guinsburg.
18. *O Texto Estranho*, Lucrécia D'Aléssio Ferrara.
19. *O Desencantamento do Mundo*, Pierre Bourdieu.
20. *Teorias da Administração de Empresas*, Carlos Daniel Coradi.
21. *Duas Leituras Semióticas*, Eduardo Peñuela Cañizal.

22. *Em Busca das Linguagens Perdidas*, Anita Salmoni.
23. *A Linguagem de Beckett*, Célia Berrettini.
24. *Política e Jornalismo*, José Eduardo Faria.
25. *Idéia do Teatro*, José Ortega y Gasset.
26. *Oswald Canibal*, Benedito Nunes.
27. *Mário de Andrade/Borges*, Emir Rodríguez Monegal.
28. *Política e Estruturalismo em Israel* Ziva Ben-Porat e Benjamin Hrushovski.
29. *A Prosa Vanguardista na Literatura Brasileira: Oswald de Andrade*, Kenneth D. Jackson.
30. *Estruturalismo: Russos x Franceses*, N. I. Balachov.
31. *O Problema Ocupacional: Implicações Regionais e Urbanas*, Anita Kon.
32. *Relações Literárias e Culturais entre Rússia e Brasil*, Leonid A. Shur.
33. *Jornalismo e Participação*, José Eduardo Faria.
34. *A Arte Poética*, Nicolas Boileau-Despreux (Trad. e Notas de Célia Berrettini).
35. *O Romance Experimental e o Naturalismo no Teatro*, Émile Zola (Trad. e Notas de Célia Berrettini e Italo Caroni).
36. *Duas Farsas: O Embrião do Teatro de Molière*, Célia Berrettini.
37. *A Propósito da Literariedade*, Inês Oseki-Dépré.
38. *Ensaios sobre a Liberdade*, Celso Lafer.
39. *Leão Tolstói*, Máximo Gorki (Trad. de Rubens Pereira dos Santos).
40. *Administração de Empresas: O Comportamento Humano*, Carlos Daniel Coradi.
41. *O Direito da Criança ao Respeito*, Janusz Korczak.
42. *O Mito*, K. K. Ruthven.
43. *O Direito Internacional no Pensamento Judaico*, Prosper Weil.
44. *Diário do Gueto*, Janusz Korczak.
45. *Educação, Teatro e Matemática Medievais*, Luiz Jean Lauand.
46. *Expressionismo*, R. S. Furness.
47. *Xadrez na Idade Média*, Luiz Jean Lauand.